rowohlts monographien
begründet von Kurt Kusenberg
herausgegeben
von Klaus Schröter

Karl der Große

mit Selbstzeugnissen
und Bilddokumenten
dargestellt von
Wolfgang Braunfels

Rowohlt

Dieser Band wurde eigens für «rowohlts monographien» geschrieben
Den Anhang besorgte der Autor
Herausgeber: Kurt Kusenberg · Redaktion Beate Möhring
Schlußredaktion: K. A. Eberle
Umschlagentwurf: Werner Rebhuhn
Vorderseite: Karl der Große. Reiterstatue. Louvre, Paris
(Archives Photographiques, Paris)
Rückseite: Der Thron des Kaisers in der Pfalzkapelle zu Aachen
(Foto Ann Bredol-Lepper, Aachen)

Veröffentlicht im Rowohlt Taschenbuch Verlag GmbH,
Reinbek bei Hamburg, April 1972
Copyright © 1972 by Rowohlt Taschenbuch Verlag GmbH,
Reinbek bei Hamburg
Alle Rechte an dieser Ausgabe vorbehalten
Gesetzt aus der Linotype-Aldus-Buchschrift
und der Palatino (D. Stempel AG)
Gesamtherstellung Clausen & Bosse, Leck
Printed in Germany
980-ISBN 3 499 50187 2

42.–44. Tausend April 1987

Inhalt

Karl der Große. Büste als Reliquiar für die Schädeldecke des Kaisers. Um 1350. Aachen, Schatzkammer

DIE FRANKEN

Ein Vierteljahrtausend, rund 250 Jahre, hören wir von Siegen und Niederlagen jenes germanischen Stammes, der sich selbst und den die Römer als die Franken bezeichnet haben, die Freien und Frechen, ehe Chlodwig sein Reich zusammenschmieden konnte und ihm mit seiner Taufe zu Weihnachten 496, vielleicht auch erst 506 in Reims, ein politisches Programm gegeben hat. Unter Kaiser Gordianus III. (238 bis 244) werden sie ein erstes Mal durch den Tribun der Legio Gallicana und späteren Kaiser Aurelian, wie ein Chronist schreibt, «vernichtend» geschlagen (Historia Augusta 7, 1–2). Später, zur Zeit Valerians (253–260), sehen wir sie in kühnen Vorstößen ihr Zerstörungswerk bis nach Spanien und Afrika vortragen und nach dem Tode Aurelians (275) den gallischen Städten eine Katastrophe bereiten, wie sie ihnen furchtbarer nie mehr zugestoßen ist. Wir finden die Franken mit den Römern verbündet zuweilen für die Verteidigung der alten Ordnung eingesetzt und wenige Jahre später gerade als Vernichter dieser Ordnung im Felde. Staunend schildern spätantike Autoren ihre unerschütterliche Tapferkeit, die nur der Tod brechen konnte. Diese Tapferkeit, genährt aus Religion, Sitte und jenem Überlegenheitsgefühl, das ihnen den Namen gab, bestimmte ihr Weltbild. Es findet seinen deutlichsten Ausdruck in dem Gedicht, das das salfränkische Gesetzbuch einleitet. Durch Jahrhunderte muß es gesungen und umgeformt worden sein, ehe es 763/64 übersetzt unter Pippin dem Kurzen die lateinische Fassung erhielt, die uns überliefert wurde:

Der Franken erlauchtes Volk, durch Gott den Schöpfer begründet, tapfer in Waffen, fest im Friedensbund, tiefgründig im Rat, körperlich edel, von unversehrter Gestalt, kühn, rasch und ungestüm, jüngst zum katholischen Glauben bekehrt, frei von Ketzerei, suchte, während es noch am Barbarenbrauch festhielt, auf Eingebung Gottes, nach dem Schlüssel der Weisheit, strebte dem Grad seiner Sitte gemäß nach Gerechtigkeit, bewahrte Frömmigkeit.

Und es fährt fort: *Heil dem, der den Franken liebt – Vivat qui Francus diliget – Christus bewahre ihr Reich, erfülle ihre Leiter mit dem Licht seiner Gnade, schütze das Heer, gewähre dem Glauben Stärkung; Freude des Friedens und Zeiten des Glücks schenke der Herr der Herrschenden ... Der Römer härtestes Joch schüttelten die Franken kämpfend von ihrem Nacken und nach Anerkennung der Taufe schmückten sie die Leichen der heiligen Märtyrer, die die Römer mit Feuer verbrannt oder mit dem Schwert verstümmelt oder wilden Tieren zum Zerfleischen vorwarfen, mit Gold und kostbaren Steinen.*[1*]

Die germanische Staatenwelt im Jahre 506

Wenn in der spätantiken Welt Dichter und Kirchenväter den Zeitgenossen als wahre Heimat das Jenseits beschrieben haben, die auch die Kunst anschaulich zu machen suchte, so bildete für die Franken das Irdische und das Übersinnliche eine Einheit. Das Heilige war in den Reliquien gegenwärtig und wirksam. Christliche Meditation lehrte die Magie der Formen und Metalle verstehen, die aus den kostbaren Hüllen sprach. Die Ornamente, welche die Germanenstämme geschaffen oder nachgeahmt haben, belehren uns darüber, daß das Heilige ihnen nah war, nicht fern, doch voller Geheimnis, mehr in Krypten, Gräbern, Höhlen beheimatet als im Himmel, dem Paradies.

454 n. Chr. gelang den Franken der Dammbruch. Die römischen Verteidigungslinien, ja das Verteidigungssystem selbst brach zusam-

men. Nach dem Tode des Aetius ergoß sich ihr Strom nach Westen. Aus Teilstämmen erwuchs in Abwehrkämpfen gegen die vordringenden Sachsen und Friesen im Norden und den Küstengebieten und in Angriffskämpfen gegen die letzten Positionen der Römerherrschaft die neue Nation. Sie gliederte sich in den Stamm der Salier zwischen Maas und Somme und der Francia Rinensis zwischen Maas, Rhein und Mosel. Aus den Anführern der Salier entstand das Geschlecht der Merowinger, dem ein Sagenkönig Merowech den Namen gab, ein Herrscher, der sicher einmal und doch wohl erst im 5. Jahrhundert gelebt hat und von dem Gesänge berichtet haben, daß er der Sohn eines Meergottes und der Vater Childerichs gewesen sei. Die letzten römischen Feldherren in Gallien, Egidius und sein Sohn Syagrius, sehen wir mit Hilfe Childerichs zwischen 460 und 480 sowohl die Westgoten im Süden Frankreichs als auch die Sachsen, die an den Kanal, in die spätere Normandie, ja bis zur Loire vorgedrungen waren und Angers genommen hatten, bekämpfen und besiegen. Dieselben Sachsen, die kurz vorher England erobert hatten, sind also von vornherein die großen Rivalen der Franken um das Erbe Roms gewesen.

Childerichs Sohn Chlodwig (481–511) hat Syagrius 486 besiegt. Der Strom der fränkischen Krieger und Bauern ergoß sich ungehemmt nach Westen. Paris wurde zur neuen Hauptstadt, Soissons, wo Syagrius residiert hatte, Reims und Orléans wurden zu Nebenresidenzen erhoben. Mit der Wahl seiner Hauptstadt hat Chlodwig ähnlich wie vor ihm die Burgunderkönige mit Lyon und die Gotenkönige mit Toulouse ein den Franken fremdes und neues Regierungsprogramm übernommen. Das Zentrum der merowingischen Macht verlagerte sich vom Rhein und der Maas an die Seine, in das Gebiet zwischen Somme und der Loire, von einem vorwiegend germanisch besiedelten Raum in einen vorwiegend gallo-romanischen. Von dort aus hat Chlodwig in raschen, machtvollen Schlägen ein Großreich aufgebaut. Die entscheidenden Siege wurden gegen die Alemannen im Südosten und die Westgoten im Südwesten erfochten. Nicht mehr die Römer, vielmehr die rivalisierenden Germanenfürsten waren die Gegner der Merowinger. Diese Siege führten zugleich zu den beiden welthistorischen Entschlüssen, die den Bestand des Frankenreiches gesichert haben. Nach dem Alemannensieg ließ sich Chlodwig durch den später als heilig verehrten Bischof Remigius in Reims taufen. Wir kennen den Tag – es war ein 25. Dezember, das Weihnachtsfest, wie später bei der Krönung Karls zum Kaiser in Rom. Doch kennen wir nicht das Jahr. Moderne Berechnungen schwanken zwischen 496 und 506, zumal Chlodwig mehrmals gegen die Alemannen zu Felde ziehen mußte. Nach dem Gotensieg 507 in Vouillé nahm Chlodwig die konsularischen Insignien in Tours entgegen, die ihm der byzantinische Kaiser weitblickend gesandt hat. Sowohl als ein christlicher und katholischer König wie als römischer Konsul trat er bewußt das Erbe der antiken Hochkultur an und damit in eine Auseinandersetzung ein, die alle Lebensbereiche durchwirkt hat.

Chlodwigs Werk haben seine vier Söhne Theuderich, Chlodomer, Childebert und Chlothar fortgesetzt. 531 eroberten Theuderich und Chlothar das Reich der Thüringer und drängten diesen Stamm nördlich des Mains ebenso zurück, wie sie die Alemannen im Süden hinweg- und zusammengeschoben hatten. Es entstand Franken, das Land, das auf deutschem Boden allein ihren Namen bewahrt hat. Auch Bayern geriet noch im 6. Jahrhundert in Abhängigkeit von den Merowingerkönigen. In Sachsen östlich des Rheins wechselten durch Jahrhunderte Erfolge mit Niederlagen ab. Nur die Friesen – der einzige Germanenstamm, der nie gewandert war – ließen sich nicht eingliedern. Dieses Volk an der Meeresküste ist erst von den Karolingern zugleich besiegt und zum christlichen Glauben bekehrt worden.

Betrachtet man die Bevölkerung des neuen Frankenreiches im Hinblick auf die Dichte der fränkischen Besiedlung, so kann man drei Teilgebiete unterscheiden: den germanisch besiedelten Osten, eine gemischt besiedelte Mitte und den vorwiegend gallo-römisch besiedelten Westen. Es gehört zu den am meisten diskutierten Fragen der Forschung, wo die Grenzen zwischen diesen drei Gebieten einzuzeichnen sind und welches Mischungsverhältnis wir in jedem einzelnen von ihnen annehmen dürfen. Allein die Dichte der fränkischen Gräber gäbe darüber einigermaßen zuverlässig Auskunft, doch gerade diese konnten nur zu geringen Teilen aufgefunden und untersucht werden. Die Grenze zwischen den nur fränkisch und später «thiudisc» oder Deutsch sprechenden Menschen einerseits und jenen, die sich vorwiegend der «vulga romana lingua» und später der französischen Sprache bedienten, wie sie sich schon vor dem Ausgang des 8. Jahrhunderts gebildet hatte und später nie mehr wesentlich verändert wurde, kann auch als Grenze zwischen den germanisch besiedelten Ostgebieten und jener gemischt besiedelten Mitte gelten. Man hat sie als eine Ausgleichslinie gekennzeichnet, der die Annahme zugrunde liegt, daß jeweils der stärkere Bevölkerungsteil dem schwächeren seine Sprache aufdrängte.

Westwärts dieser Grenze bis zur Seine lag das Kernland der merowingischen Macht. Jenseits der Seine nimmt die Dichte der Frankengehöfte mehr und mehr ab, um dann über die Loire hinaus fast ganz jede bevölkerungspolitische Bedeutung zu verlieren. Die Frankengrafen blieben dort immer Fremde. Der Prozeß, in dessen Verlauf die fränkische Eroberungsschicht von der gallo-römischen Bevölkerung aufgesogen worden ist, war im 9. Jahrhundert auch im Mittelbereich beinahe abgeschlossen. Vereinzelt hören wir davon, daß Adelsgeschlechter ihre Söhne in deutsche Klöster zur Schule sandten, damit sie die verlorene Muttersprache wiedererlernen konnten. Auch wenn schon die Merowinger des späten 6. Jahrhunderts zwischen dem Teilreich Neuster im Westen und Auster im Osten unterschieden haben, so waren damit noch keine ethnographischen Grenzen gemeint. Dennoch handelte es sich bei Neustrien, zu dem in vielen Reichsteilungen zwischen den Königssöhnen auch Burgund geschlagen worden ist, um ein noch vorwiegend gallo-römisches Gebiet, bei Austrien um ein schon vorwiegend germanisches. Damit hängt auch zusammen, daß das neue Herrschergeschlecht der Karolinger, das dem austrasischen Adel entstammte, in seinem Kampf um die Macht größere Aussichten auf Erfolg hatte als alle rivalisierenden Familien aus Neustrien, da es sich auf eine homogene germanische Gefolgschaft stützen konnte.

Das verhängnisvollste Erbe, das Chlodwig seinen Söhnen und Enkeln hinterlassen hat, war das fränkische Erbrecht selbst. Im Zeitalter der Angriffskriege der Stämme war es von geringer Bedeutung gewesen, wie ein Fürst seinen Besitz an Waffen, Schmuck und Vieh ebenso wie die Gefolgsleute, die ihm eidlich verbunden waren, nach seinem Tode unter die Söhne aufteilte. Im Krieg fanden sie sich doch alle wieder zusammen und ordneten sich ohne Zwang dem Erfolgreichsten unter. Man hat von Personenverbänden, nicht von Staaten, gesprochen, für die dieses Erbrecht angemessen war. Der welthistorische Mißerfolg der Merowinger wie später auch der letzten Karolinger erwuchs aus der Tatsache, daß sich nur selten eine Generation über die Aufteilung der Herrschaftsbereiche einigen konnte und daß für die Verwaltung dieser Teile selbst ihre wechselnden Grenzen schädlich waren. Doch zeigen die Erbteilungen an, daß die Franken immer das Land von der Loire bis zum Main, zu dem zuweilen noch Teile von Burgund gerechnet wurden, als ihr eigentliches Reich und ihre Heimat empfunden haben. Das Westgotenreich in Aquitanien und die Provence galten ebenso als eroberte Gebiete wie Alemannien und später Bayern. Noch unter Karl dem Großen hat man Südfrankreich als ein Land der Römer bezeichnet. Wie in Burgund die burgundische war in Aquitanien die gotische Oberschicht rasch aufgesogen, wenngleich nie ganz verdrängt worden.

Zwei Merkmale vor allen anderen unterscheiden die neue Frankenherrschaft in Gallien von der vorangehenden römischen. Beide sind soziologischer Natur. Wo in der antiken Welt das Christentum von unten nach oben vorgedrungen ist, von den Sklaven und Fremden zu

den Herren und Römern, führte im Frankenstaat wie im angelsächsischen England der Weg umgekehrt von oben nach unten. Der König bekehrte sich als erster; ihm folgte der Adel, später die breite Schicht der Freien, zuletzt das niedere, halbfreie Volk, das an den alten Riten und Bräuchen am längsten festgehalten hat und in manchen Teilen Deutschlands und Skandinaviens nie ganz christlich geworden ist. Die Parteinahme der Oberschicht für das Christentum hatte nicht nur zur Folge, daß die Frankenkönige die kirchliche Organisation bestehenließen und sie, wo sie zerrissen war, neu begründet haben, sondern auch, daß der Frankenadel als erster in enge Verbindungen zu den fortlebenden römischen Senatorenfamilien getreten ist, die im Süden Galliens die wichtigsten Bischofssitze und Abtstühle innehatten und von dort aus auch die Bistümer an Rhein, Maas und Mosel reorganisiert haben. Das Christentum war im Frankenreich ein Statuszeichen. Durch alle Wirren und Greuel der Merowingerherrschaft drängt sich immer wieder das Bewußtsein in den Vordergrund, daß die Ausübung christlicher Tugenden ein Merkmal vornehmer Lebenshaltung sei. Neben das Streben nach Macht trat das Verlangen nach Rechtfertigung durch sakrale Auszeichnungen. Zu den christlichen Tugenden gehörte auch, wenngleich oft behindert durch das Askeseverlangen, die Pflege der Kulturgüter, die in allen Bereichen allein an den römischen gemessen werden wollten.

Das zweite Merkmal wird kenntlich, wenn man sich das Verhältnis des Königs zu seinem Adelsgefolge und des Adels zu den landbesitzenden oder landbebauenden Freien und Halbfreien vergegenwärtigt. Es ist seit langem widerlegt worden, daß der Aufbau des Merowingerreiches vor allem ein Werk der Könige gewesen sei. Die Könige waren immer auf die freiwillige Hilfe der Großen angewiesen, ja von ihr abhängig. Diese Großen wurden unterstützt von einer Gefolgschaft von Freien, die auf eigenem Land saßen und ihre ererbten Rechte für unerschütterlich hielten. Spätantike Autoren haben es beklagt, daß die Siedler und Sklaven der großen Landgüter, um dem ungeheuren Steuerdruck des Staates und der Abhängigkeit von den Senatorenfamilien zu entgehen, sich gern den germanischen Eroberern unterordneten. Denn auch der Ackerknecht verlor nicht ganz seine Freiheit, und viele stiegen wieder zu freien Bauern auf. Die Verteidigung des Römerstaates hatte dem einzelnen immer größere Lasten auferlegt und ihn zuletzt zu einem Knecht im Dienste dieser einen Aufgabe gemacht. Die Germanenstaaten waren im Angriff ge-

Fränkischer Grundherr.
Wandbild, 9. Jahrhundert. St. Benedict in Mals, Vintschgau

boren worden, wobei der einzelne als Lohn für seinen Kriegsdienst Land erhielt, auf dem er sich wirtschaftlich frei entfalten konnte. Die Folge war, daß einer raschen Abnahme der Bevölkerung im 4. und 5. Jahrhundert jene ebenso rasche Zunahme im 7. und 8. entsprochen hat, welche die Voraussetzung zum Aufstieg der Karolinger bilden sollte.

Waren sich in den Jahrhunderten der Abwehrkriege und des Ansturms zwei Kulturen gegenübergetreten, die wenig miteinander gemeinsam hatten und die dennoch füreinander eine gewisse Bewunderung hatten, wie Tacitus für die germanischen Sitten und die Germanensöldner für die römische Lebensordnung, so wurden das Handeln und das Weltbild Gregors von Tours wie der Merowingerkönige, deren Taten er beschreibt, von verschiedenartigen Mischungen beider Kulturformen bestimmt.[2] Mit der Landnahme hat die Frühkultur der Franken die römische Hochkultur nicht lediglich zerstört, vielmehr auch überschichtet. Wohlstandsreserven, Verwaltungsformen, Ordnungsgedanken waren den Franken aus dieser Hochkultur zugefallen. Das düstere Bild, das die Lektüre ihrer Geschichte bei Gregor von Tours und dem sogenannten Fredegar hinterläßt, dessen «Historia Francorum» bis 641 führt[3], erwächst aus der Tatsache, daß die Merowinger diese Kulturgüter weder zu erhalten noch umzuformen wußten. Seltene Regenerationsversuche konnten nicht verhindern, daß – im ganzen gesehen – während aller Jahrhunderte ihrer Herrschaft das Zerstörungswerk fortgesetzt wurde. Die Ruinen verwitterten. Über den Werken einer gedemütigten Zivilisation wuchs an vielen Orten die Natur erneut zusammen. Am Ausgang des Zeitalters war von den Römerwerken weniger übrig als an seinem Anfang, und das, was die Merowingerkultur hinzugefügt hat, brachte nur geringen Ersatz. Allein die Werke der Gold- und Waffenschmiede wären hier zu nennen. Dieser Römerkultur trauerte Gregor, der aus altem Bischofs- und Senatorenadel stammt, nach, ohne ihr doch selbst noch anzugehören.

Im Grunde standen alle Merowingerkönige vor unlösbaren Aufgaben. Erlernt hatten sie nur eines: den Kampf. Es ist bewundernswert, daß es ihnen immer wieder gelungen ist, den weit verstreuten landbesitzenden und landbebauenden Adel für ihre Kriegszüge zusammenzurufen. Nahezu alle Gegner, die später die Karolinger bekämpft und besiegt haben, waren auch ihre Feinde gewesen. Immer wieder hatten sie Aufstandsbewegungen der Alemannen, Bayern, Thüringer niederzuschlagen, immer wieder hatten sie gegen die Sachsen zu kämpfen. Das Westgotenreich im Süden Frankreichs, die Provence und die Bretagne haben stets von neuem den jungen Frankenstaat beunruhigt. Keine ihrer Grenzen war sicher, keines dieser Völker hatte sich mit seinem Schicksal abgefunden. Man gewinnt den Eindruck, daß die kriegerischen Unternehmungen, ihre Vorbereitung, ihre Durchführung, die Entlohnung der Gefolgschaft, die Verhandlungen, die zu Friedensschlüssen, Bündnissen oder neuen Kriegen führten, die ganze Aufmerksamkeit und Tatkraft dieser Könige beansprucht haben. Für Verwaltungsaufgaben hatten sie weder Sinn noch Zeit, noch Befähigung. Das weite Land war sich selbst überlassen. Die Städte führten unter ihren Bischöfen ein Eigenleben, das sich die Vorstellungskraft nur schwer vergegenwärtigen kann, zumal jede kurze Blüte den Beutewert in einem Ausmaß steigerte, das in keinem Verhältnis zu der Verteidigungskraft des Volkes hinter seinen immer wieder zerstörten Römermauern stand. Man kann die Größe dieser Städte im Grunde nur an der Zahl ihrer Kirchen und Klöster ermessen. In Paris haben wir Nachrichten von sechzehn, in Vienne von dreizehn, in Le Mans von zwölf, in Lyon waren es acht, in Metz, Trier, Köln, Tours je sieben Klöster.

Den Franken ist es ebenso schwergefallen, Antike zu lernen, wie es den Gallo-Römern schwerfiel, sie zu bewahren. Es hat etwas Rührendes, zu sehen, wie beide sich darum gemüht haben. Die Künstler der Merowingerzeit sahen sich in eine zugleich beunruhigende und belebende Auseinandersetzung mit der zerschlagenen Mittelmeer-Antike verstrickt und versponnen. Wenn sich die Merowingerkönige, und dann mit noch größerer Entschiedenheit die Karolinger, dem Alten und Sakralen zu verbinden suchten, so deshalb, weil sie, wie später das ganze Mittelalter, glaubten, daß allein die Antike nicht nur den Ornat der Kirche, vielmehr auch für jedes legale Herrschertum liefern könne.

Wo immer man sich in fremden Techniken, fremden Materialien oder der fremden Menschenfigur versuchte, ist es dies Angestrengt-Unbeholfene, das den Eindruck bestimmt. Diese Werke stehen nicht in einer lange gepflegten Überlieferung, sondern erwuchsen in jedem einzelnen Fall aus dem Versuch, sich dem Vorbild der Antike zu stellen. Die Unsicherheit verliert sich überall dort, wo man auf eigene Traditionen, zumindest eigene Handwerkserfahrungen, zurückgreifen konnte. Das gilt sicher für den Haus-, Palast- und Kirchenbau in Holz, über den wir nur durch die ergrabenen Grundrisse unterrichtet sind, die einfach waren. Das gilt auch für die Keramik der Germanenstämme, die freilich in der Verwendung von Zierformen äußerst sparsam blieb. Es gilt in erster Linie für die Werke der Waffen- und Schmuckschmiede, deren Entfaltung uns in fast lückenloser Reihe aus Grabfunden vom 5. bis zum 8. Jahrhundert überliefert ist. Es hängt mit dem besseren Verständnis des Christenglaubens zusammen, daß seit dem ausgehenden 8. Jahrhundert Grabbeigaben seltener werden

Fibel aus Linon. 7. Jahrhundert.
Paris, Bibliothèque Nationale, Cabinet des Medailles

und endlich ganz aufhören. An ihre Stelle traten nach römischem Vorbild Grabsteine und Grabkreuze, die freilich auch wohl zu allen Zeiten seit ihrer Bekehrung von den Franken benutzt wurden. Doch gibt
es auch «heidnische».

Das Bild der Merowingerkönige in der Geschichte wird getrübt
durch die Tatsache, daß es während mehr als einem Vierteljahrtausend, in dem sie wenigstens dem Namen nach ihr Reich regiert haben,
von Mönchen und Kirchenfürsten gezeichnet und verzeichnet worden
ist, die sich ihnen schon ihrer lateinischen und kirchlichen Bildung
wegen überlegen fühlten und die ihre Taten meist als barbarische
Untaten verurteilt haben. Das gilt in erster Linie von dem bedeutendsten Geschichtsschreiber der Epoche, Gregor von Tours (538–594).
Das gilt letzten Endes auch von Einhard, dem Biographen Karls des
Großen, dessen Schilderung des schwächsten Nachfahren sich der Erinnerung stärker eingeprägt hat als jede andere. *Dem König blieb
nichts übrig, als zufrieden mit dem bloßen Königsnamen, mit langem
Haupthaar und ungeschorenem Bart auf dem Throne zu sitzen und
den Herrscher zu spielen, die von überall herkommenden Gesandten*

anzuhören und ihnen bei ihrem Abgang die ihm eingelernten oder anbefohlenen Antworten wie aus eigener Machtvollkommenheit zu erteilen, da er außer dem nutzlosen Königstitel und einem unsicheren Lebensunterhalt, den ihm der Hausmeier nach Gutdünken zumaß, nur noch ein einziges, noch dazu sehr wenig einträgliches Hofgut zu eigen besaß, auf dem er ein Wohnhaus hatte und Knechte in geringer Zahl, die ihm daraus das Notwendige lieferten und ihm dienten. Überall, wohin er sich begeben mußte, fuhr er auf einem Wagen, den ein Joch Ochsen zog und ein Rinderhirte nach Bauernweise lenkte. So fuhr er nach dem Palast, so zu der öffentlichen Volksgemeinde, die jährlich zum Nutzen des Reiches tagte, und so kehrte er dann wieder nach Hause zurück.[4] Einhard hat mit diesem König den letzten Merowinger Childerich III. gemeint, den Pippin und Karlmann 743 auf den Thron setzten. Ein byzantinischer Chronist, Theophanes Confessor, hat sogar das Königsabzeichen der langen Haare mißverstanden. *Es war nämlich bei ihnen Sitte, daß ihr Herrscher, den sie auch König nennen, nur dem Namen nach herrsche und nichts tue oder anordne, sondern nur maßlos esse und trinke; er verläßt seinen Palast nicht, nur am 1. Mai führt er den Vorsitz in der Volksversammlung, begrüßt sie und nimmt ihre Huldigung entgegen. Sonst verbringt er sein Leben für sich allein bis zum nächsten Mai. Seine Nachkommen hießen «cristatae», was «die am Rücken Behaarten» bezeichnet; denn sie hatten wie die Schweine Haare am Rückgrat.*[5] Die Schilderungen der Wirren, der Greuel, der Schwäche überlagern sich in den Berichten über dieses Geschlecht und seine Taten. Dennoch ist von ihm ein so großer Glanz noch im 9. Jahrhundert ausgegangen, daß Karl jenem Sohn, der dann nach dem Tode der älteren Brüder sein Nachfolger werden sollte, den merowingischen Königsnamen Ludwig (d. i. Chlodwig) gab und Ludwig seinen ältesten Sohn wieder Lothar (d. i. Chlothar) nannte. Historische Berichte, Mißdeutungen und der Legendenglanz, den das Merowingergeschlecht umgibt, hängen letztlich alle von seinem Verhältnis zum Römerreich und der antiken Kultur ab, die es zugleich bewundert, nachgeahmt und zerstört hat.

Man weiß, wie hoch die Franken die Metallkünstler eingestuft und durch besondere Gesetze gesichert haben. In ihrem Sagengut fanden sie mit Wieland dem Schmied und Mime dem Zwerg ebenso einen festen Platz wie in der Heiligenlegende mit dem heiligen Eligius, der eine historische Persönlichkeit gewesen ist, Goldschmied und Münzmeister unter Chlothar II. und Dagobert I., der zwischen 590 und 660 gelebt hat und über dessen kirchliche wie profane Werke wir genauen Bericht haben. Der Gunst des Königs verdankte er den Bischofsstuhl von Noyon. Schon Cassiodor beschreibt voller Bewunderung die Schmiedearbeit der langen Schwerter, die Theoderich dem Großen aus Thüringen übersandt worden waren. Sie schienen ihm durch die Kunst der Eisenbearbeitung wertvoller als Gold, so glatt geschliffen, daß man sich in den Klingen spiegeln könne, so scharf, so klar in der Form, daß sie diesem an antiken Werken geschulten Auge eher als gegossen denn als gehämmert erschienen. Es ist durch die Forschungen von Eduard Salin nachgewiesen worden, daß die Merowinger neue Schmiedetechniken entwickelt haben, wobei die damaszierte Klinge Schneiden aus einem noch härteren Material enthielt.

Es ist nicht ganz geklärt, was die Franken veranlaßt hat, ihre Waffen, ihren Schmuck neben mannigfachem Gerät mit in das Grab zu nehmen. Wollte man den Toten damit ehren? Sollte er sich im Jenseits noch ihrer erfreuen? Sollten ihre magischen Kräfte ihn vor den Mächten der Finsternis schützen? Noch zu Tacitus' Zeiten haben die Germanen ihre Toten verbrannt. Die Erdbestattung scheint erst aus der Berührung mit der Antike erwachsen oder wiederbelebt worden zu sein. Doch wurde sie rasch allen germanischen Stämmen eigen. Die Macht und das Ansehen eines jeden Kriegers, jeder Frau, auch der Kinder ist an den Beigaben kenntlich, die ihre Gräber geborgen haben. Oft fand sich ein reiches Reitergrab, umgeben von den Gräbern vieler Knechte, die nur mit dem Dolch und der Lanze ausgerüstet waren. Andernorts wieder lagen viele freie Männer mittleren Vermögens zusammen. Man konnte daraus die Siedlungsstruktur erschließen. Es gab einzelne Gutshöfe und es gab Dörfer, in denen viele wehrhafte Landbesitzer wohnten. Schließlich aber ließ ein Wandel der allgemeinen Vorstellung über die Formen des Weiterlebens nach dem Tode, auch ein besseres Verständnis des Christenglaubens, seit dem Ende des 7. Jahrhunderts und im Laufe des 8. Jahrhunderts die Gräber mit Beigaben seltener werden, gleichzeitig aber die Grabsteine über der Erde zahlreicher – auch sie Nachahmungen von Römerkunst, auch sie durchdrungen von germanisch-heidnischer und von christlicher Symbolik zugleich.

Das überraschendste Zeugnis dieser germanischen Grabkunst ist in Hornhausen in Thüringen gefunden worden. Die Vergleichsbeispiele reichen nicht aus, um das genaue Datum und den Sinn der Darstellung zu ermitteln. Ist hier ein Gott oder ein Fürst gemeint, ein Grabstein oder ein Göttermal? Sicher ist nur der un-, vielleicht antichristliche Charakter der Darstellung. Man hat an Wotan gedacht, der hier mit Lanze, Schwert und Schild auf diesem großen Paßgänger mit kleinem Kopf, wie ihn chinesische Pferdedarstellungen haben, reitet. Unten im Boden ist das Reich der Schlangen. Die Beherrschung der Fläche, die Sicherheit, mit der die gegensätzlichen Rhythmen von oben und unten aufeinander abgestimmt wurden, bestimmten den Eindruck.

Das Christentum ist, wie später der Islam, eine Buchreligion. Kein Gottesdienst konnte ohne Bücher gehalten werden, kein Bischof, kein Priester konnte ohne Bücher sein Amt versehen, kein Kloster ohne Bücher seiner Regel leben. Es muß überall, wo der neue Glaube Fuß gefaßt hat, Bücher gegeben haben. Auch die Missionare haben sie mit sich geführt. In keinem anderen Zweig der Kunst und Kultur wird uns das Zerstörungswerk der Germanen im Römerreich so augenfällig vorgeführt wie im Schriftwesen und der Buchproduktion. Die Männer mit der Feder konnten ihre Bücher nicht vor den Männern mit dem Schwert schützen, die mit besonderem Eifer vernichtet haben, was ihnen unverständlich war und nutzlos schien. So ist es nicht

Reiterstein von Hornhausen. Um 700. Halle, Städtisches Museum

überraschend, wenn das älteste erhaltene Buch des ganzen Frankenreiches erst 669 datiert ist. Es handelt sich um einen Kodex aus dem
Kloster Luxeuil, der sich heute in der Morgan Library in New York
befindet und noch so gut wie keinen Schmuck enthält. Man weiß, daß
der Ire Columban diese bedeutende Pflegestätte der Kultur schon 590
gegründet hat. Wir müssen also für die Zwischenzeit auch hier mit
großen Verlusten rechnen. Dennoch überrascht die geringe Zahl der
Schreibstuben, aus denen uns in Frankreich und Italien seit dem ausgehenden 7. Jahrhundert Bücher erhalten geblieben sind. Man nennt
gemeinhin nur zwei für Italien: Verona und Bobbio, drei im Frankenreich: Luxeuil, Corbie und Tours. Figürliche Darstellungen sind selten. Sie lassen erkennen, daß diese Mönche ihre Vorbilder in italischen Handschriften suchten, die sie auf ihren Pilgerfahrten nach
Rom für ihre Klosterbibliotheken erwerben konnten. Dabei blieben
die Schreiber, die immer auch die Maler gewesen sind, eher dem zar-
ten, malerischen Ausdruck des Pinsels verpflichtet als der härteren
Sprache der Feder. Ihre Farben sind hell, blühend, verfließend. Grün,
Ocker, lichtes Zinnoberrot – und das gilt vor allem für die dekorati-
ven Schmuckseiten aus Luxeuil – bestimmen den Eindruck, nie auf
größeren oder genau begrenzten Flächen verteilt, sondern stets in
sehr kleinen Ornamentformen mit dem Pinsel flüchtig hingetupft.
Man findet kaum ein Motiv, das der germanischen Ornamentik entnommen ist. Neben den Tieren bestimmen Rosetten, entwickelt aus
Blüten und Blättchen, das Bild, das Zarte, nicht das Kräftige, naive
Schmuckfreude, nicht klare Formvorstellungen.

Die Mönche, welche Blütenzweige, Pfauen und Pflanzenrosetten
gemalt haben, waren einfache Männer. Sie entstammten nicht dem
siegreichen Geschlecht der Großen, die von ihren Gold- und Waffen-
schmieden die reichsten Reliquiare und besten Schwerter fordern
durften. Es müssen demütige Brüder, nicht Äbte, geduldig-beschei-
dene Diener, nicht Herren gewesen sein; auch nicht als Asketen kann
man sie sich vorstellen. In der geistigen Geschichte des Mittelalters,
die sich in dieser Zeit unter der Führung tatkräftiger Fürsten aus dem
geschichtslosen Zustand des immer gleichbleibenden und sich wiederholenden Daseins zu erheben versucht, erscheinen sie wie Kinder, die
mit unschuldiger Freude und noch unbeholfenem Gestaltungsdrang
ihre kleinteiligen Blütenranken und Tupfenmuster zu schlichten geometrischen Formen zusammensetzen. Auch ihre Vorlagen übersetzen
sie in diese Welt des Einfachen und Volkstümlichen. Erst im Frühkarolingischen sollte diese kindhafte Kunst, befruchtet von dem be-
wegungsgeladenen keltischen und angelsächsischen Ornamentwillen,
bewußteren Ausdruck erringen. Wir bewundern Werke einer archaischen Frühkultur, in welcher aus der Auseinandersetzung mit

Mittelmeer-Antike und Christentum die vielfältigsten Mischformen entstanden sind. Erst die Sammlung aller Kräfte, die durch das Lebenswerk Karls des Großen bewirkt wurde, ermöglichte die Entstehung einer – freilich hauchdünnen – lateinischen Hochkultur, die die merowingische Frühkultur überschichtet hat.

Zwei Bewegungen in den Rinnsalen des Geschehens fesseln den Blick durch alle Jahrzehnte des 8. Jahrhunderts und sammeln sich zu Strömen der Geschichte: der Aufstieg der Karolinger und das Wirken der angelsächsischen und irischen Mönche auf dem Kontinent. Wir müssen die Taten Karl Martells, Pippins III. und Karls des Großen und die Lehren der Angelsachsen schildern, unter denen Bonifatius (672/73–754), der Mann der Kirche, und später Alkuin (etwa 730–804), der Mann der Bildung, die Größten waren.

Knapp ein Jahr nachdem Pippin der Kurze, damals noch gemeinsam mit seinem Bruder Karlmann, aus den Händen des Vaters die Herrschaft über das Frankenreich übernommen hatte, in den ersten Apriltagen 742 – wenn wir den Berechnungen der Zeitgenossen vertrauen dürfen – am 4. dieses Monats, ist Karl der Große geboren worden. Er war 26 Jahre alt, als er 768 die Nachfolge seines Vaters antrat. Am 7. Oktober dieses Jahres hat er in Noyon und am gleichen Tage sein Bruder Karlmann in Soissons die Krone empfangen. Als bald nach 830 Einhard, ein Vertrauter seiner letzten Lebensjahre, sein *Karlsleben* schrieb, jene fast klassische *Vita Caroli*, zu der ihn die Lektüre Suetons befähigt hatte, mußte er sich eingestehen, daß er über die ganze Jugendzeit nichts Zuverlässiges ermitteln konnte. Auch die Reichsannalen nennen den späteren Kaiser vor seinem Regierungsantritt nur ein einziges Mal mit Namen aus Anlaß der Salbung Pippins III. und seiner beiden Söhne durch Papst Stephan II. (754) in Saint-Denis. Der Zwölfjährige war dem Papst damals bis Saint-Maurice im Wallis entgegengeritten und hatte ihn zu seinem Vater in die Winterpfalz Ponthion geleitet. Wissen wir heute mehr?

Es ist erstaunlich, wieviel mehr wir wissen, und kennzeichnend für dieses Zeitalter, wieviel mehr uns von Jahr zu Jahr in zunehmendem Maße wissenswert erscheint, wenngleich alle Informationen nicht darüber hinwegtäuschen können, daß wir doch Fremde in diesem Jahrhundert bleiben werden, das für Einhard die Gegenwart war. Es war in gleichem Maße die Welt Karls des Großen, und so muß am Anfang seiner Geschichte die Frage stehen, was ihm von ihr im Bewußtsein fortwirkte, wie er sie gesehen und gestaltend umgestaltet hat. Wie weit reichte seine Erinnerung zurück? Paulus Diaconus berichtet in der Geschichte der Metzer Bischöfe, Karl habe gern von Taten und auch von Stückchen seiner Ahnen erzählt, unter allen zuerst von Arnulf von Metz und sicher auch von Pippin dem Älteren, dem ersten austrasischen Hausmeier aus seinem Geschlecht, die beide 613 zum erstenmal in einer Schlacht des austrasischen Adels gegen die Königin Brunichild in den Lichtkegel der Geschichtlichkeit ge-

Kaiser Lothar. Das älteste Bildnis eines Karolingers.
Evangeliar des Kaisers Lothar.
Tours, um 850. Bibliothèque Nationale, Paris

treten sind und die beide 640 starben. Von ihnen, wie von den Merowingerkönigen, werden auch die germanischen Gesänge berichtet haben, jene *barbara et antiquissima carmina, quibus veterum regum actus et bella canebantur*, die er sammeln ließ, die aber nicht auf uns gekommen sind. Schon diese erste Schlacht des Adels unter der Führung *Arnulfi et Pippini vel ceterorum procorum* – wie Fredegar berichtet – enthielt ein Programm. Brunichild, vielleicht die erstaunlichste Gestalt der ganzen Merowingergeschichte, Tochter des Westgotenkönigs, Gattin des Merowingers Sigebert I., die nach seiner

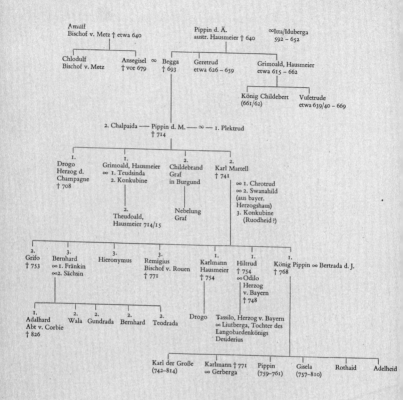

Die Vorfahren Karls des Großen (nach Hlawitschka)

Ermordung 575 38 Jahre lang die Regierung für ihren Sohn, Enkel und Urenkel in ihren energischen Händen hielt, war eine entschlossene Verteidigerin der merowingischen Königsmacht, ehe sie, auch vom burgundischen Adel ihrer Residenz verlassen, als eine über Siebzigjährige Chlothar II. ausgeliefert wurde, der sie nach dreitägigen Folterungen von wilden Pferden zu Tode schleifen ließ. Nach Arnulf wird Karl der Große vor allem gern von seinem Großvater berichtet haben, von dem er den Namen trug, Karl Martell, und dessen glückhafte Kraft in ihm fortlebte.

An dieser Stelle sei der Blick auf den Stammbaum der Karolinger gelenkt, wie ihn die neuere Forschung immer genauer ermittelt hat und wie ihn Karl sicher auswendig vortragen konnte. Ahnenkunde steht im Mittelpunkt des fränkischen Geschichtsbewußtseins. Sie war für die Führer von Adelsfraktionen noch wichtiger als für das geheiligte Königshaus selbst. Das einzige Fragment, das vielleicht noch unmittelbar aus Karls germanischem Liederbuch stammt, das *Hildebrandslied*, bezeugt es in einem berühmten Vers:

ibu du mi enan sages, ik mi de odre wet
[wenn Du mir einen sagest, ich mir die anderen weiß].

Die Tochter Pippins des Älteren hat den Sohn Arnulfs geheiratet. Ihr Sohn ist Pippin der Mittlere, der 687 in Tertry (Tierry) bei Saint-Quentin über seine Nebenbuhler aus Neustrien siegte und damit das ganze Frankenreich in die Hand bekam. Sein Onkel Grimoald, Pippins des Älteren eigentlicher Erbe, der den Versuch gewagt hatte, seinen Sohn von dem kinderlosen Merowingerkönig Sigebert III. adoptieren zu lassen, um damit den Thron für sein Haus zu gewinnen, war in einen Hinterhalt der Neustrier geraten und mußte den Ehrgeiz 662 mit dem Tode auf dem Schafott in Paris büßen. Dies war wie eine Mahnung. Sie mag der Grund dafür gewesen sein, daß Pippin der Mittlere, obwohl er seit seinem Sieg von 687 die Macht in allen Landesteilen besaß, sich immer einen echten Merowingerkönig gehalten hat, um damit die magischen Kräfte des Königsheils, das Sieg, Ackersegen, Kinderreichtum brachte, auch auf sich zu lenken. Pippins Gattin Plektrud war Schwester der Bertrada der Älteren, welche auch die Großmutter Karls des Großen gewesen ist. Das Haus ging einer neuen Krise entgegen, als nach dem Tode Pippins des Mittleren (714) Plektrud von Köln aus versuchte, das Reich selbständig im Namen ihres unmündigen Enkels Theudoald zu verwalten. Der neustrasische Adel hat sofort revoltiert, und es gehört zu den großen Glücksfällen der Karolingergeschichte, daß der Sohn der Chalpaida, Karl Martell, einer der Neben- oder Friedelfrauen Pippins, die sehr schön gewesen sein soll, sich aus seiner Gefangenschaft befreien konnte, eine Gefolgschaft gewann und in raschen Schlägen erst die Neustrier 716 in den Ardennen und 717 bei Cambrai, dann die Friesen und Sachsen, zuletzt 732 die andrängenden Araber nördlich von Poitiers besiegte, eine Schlacht, durch die er in die Weltgeschichte eingegangen ist. Bei Karl Martells Tod lagen die Verhältnisse viel einfacher, weil sich die beiden Söhne seiner ersten Gattin, Pippin der Kurze und Karlmann, wohl auch mit Zustimmung des Vaters, darüber geeinigt hatten, das Reich allein unter sich aufzuteilen, wie Karlmann schon nach wenigen Jahren 747 erst auf den Monte Soracte, dann in das Kloster

25

Monte Cassino zurückzog und bald darauf starb. Karlmann hatte den germanischen Osten erhalten, Austrien, Alemannien und Thüringen, Pippin den romanischen Westen, Neustrien, Burgund und die Provence. Die eigentlich tragische Figur unter den Brüdern ist der Sohn der zweiten Gattin Karl Martells, der Bayernprinzessin Swanahild, Grifo, dem die Brüder nur ein geringes Erbe zubilligten und dessen Leben eine Kette von Revolten und Kämpfen gegen sie gewesen ist, die erst mit seinem Tode in einem unbedeutenden Gefecht im Sommer 753 in der Provence ein Ende fand. Ein vierter Sohn Bernhard konnte als Kind einer Konkubine keine Ansprüche stellen, doch werden uns seine Söhne, Karls mächtigste Vettern Adalhard und Wala, als Feldherren, Politiker und Kirchenfürsten in Karls und noch in Ludwigs des Frommen Geschichte immer wieder begegnen. Auch Bernhard selbst hat sich als Heerführer bewährt.

Nach diesem Blick auf den Stammbaum des Karolingerhauses müssen wir erneut einen zweiten auf die Landkarte werfen. Keine andere Informationsquelle gibt uns bessere Auskunft über die politische Lage, in der sich die ersten karolingischen Herrscher befunden haben. Ich wähle als Zeitpunkt die Situation, wie sie sich etwa um die Jahrhundertmitte darstellte (s. S. 149). Neustrien, Austrien und Burgund hatte Karl Martell in wenigen Schlachten fest in seine Hand gebracht. Die Unterwerfung der Friesen bis zur Zuidersee ist eine der Hauptleistungen seines Lebens gewesen. Die Grenze gegen die Sachsen im Osten wie gegen die Bretonen im Westen blieb noch während der ganzen Regierungszeit Pippins und der ersten Jahrzehnte Karls des Großen eine unsichere. Hier standen die Franken zwei Stämmen sehr unterschiedlicher Kultur gegenüber, die stets von neuem abgewehrt und tributpflichtig gemacht werden mußten. Gegen die aufständischen Alemannen hat erst Karl Martell die entscheidenden, überaus blutigen Siege 725 und 730 erfochten, durch die der Stamm dem Frankenreich endgültig eingegliedert worden ist, wenngleich auch Pippin der Kurze und Karlmann nach ihres Vaters Tod noch einmal 742 gegen sie zu Felde ziehen mußten. Für Karl den Großen und Ludwig den Frommen war die alemannische Aristokratie schon der fränkischen ebenbürtig oder doch nahezu ebenbürtig. Die Wahl der Gattinnen vor allem aus alemannischen Adelshäusern beweist es. Bayern blieb unter den engverwandten Agilolfingern dem Reich verbunden, wobei das Ausmaß seiner Abhängigkeit unter Karl Martell und unter Pippin nie genau festgelegt worden ist. Den Süden Frankreichs konnten weder Karl Martell noch Pippin schon endgültig befrieden. Karl hat noch 735, 736, 737 und 739 gegen die Araber um Avignon oder Narbonne kämpfen müssen. Erst 759 gelang es Pippin, mit der Eroberung von Narbonne, die letzten Araber aus Frankreich zu vertreiben und Septimanien zu erobern. Die Unterwerfung Aquitaniens hat ihn die letzten acht Jahre seines Lebens immer wieder beschäftigt, ohne daß er zu einem Abschluß gekommen ist.

Von den drei Germanenreichen, die mit den Franken im Zeitalter der Merowinger im Wettbewerb um das Erbe Roms gestanden haben, war jenes der Westgoten durch den arabischen Vorstoß in das Gebirgsland im äußersten Norden Spaniens zusammengedrängt worden. Die Gotenkönige beherrschten nur noch die Bergfestungen Asturiens, von denen aus sie Jahrhunderte später ihre Wiedereroberung, die reconquista, begannen. Das Langobardenkönigtum aber hatte sich seit seinem Einfall in Italien 568 stetig ausgebreitet und sowohl Byzanz als auch das römische Papsttum auf eine enge Mittelzone zusammengedrängt, die durch die Eroberung des byzantinischen Exarchats von Ravenna 751 noch einmal verkleinert worden war. An den Araberkriegen hatte es tatkräftig teilgenommen und fühlte sich seither vor allem mit dem austrasischen Adel in Kampfgemeinschaft eng verbunden. Der Heilige Stuhl sah sich durch das langobardische Vordringen um die Mitte des Jahrhunderts aufs äußerste gefährdet, der byzantinische Kaiser konnte sich in Mittelitalien kaum mehr dem Namen nach als Herr fühlen, und seine Flotten fanden nur in dem äußersten Süden der Halbinsel Stützpunkte, die freilich ständig von den Araberschiffen bedroht waren. Blickt man auf diese Karte von einem sehr hohen Standpunkt aus, so werden die drei außenpolitischen Hauptaufgaben der Karolingerdynastie sichtbar. Die ersten beiden sind vor allem militärische gewesen. Ich möchte sie die fränkischen Germanenkriege und die fränkischen Romanenkriege nennen. Westgoten, Langobarden, Friesen, Sachsen, Thüringer, Alemannen und Bayern waren alle zu verschiedenen Zeiten Gegner der Franken und sind wie die Westgoten zurückgedrängt oder wie alle anderen Stämme unterworfen worden. Ein ebenso leidenschaftlicher Gegner war im Grunde die romanische Bevölkerung Südfrankreichs gewesen. Nur war ihre Kraft dadurch vielfach gebrochen, daß sie einmal schon im Zeitalter der Merowinger von den Westgoten unterjocht worden war und daß sie sich jetzt den furchtbaren Angriffen der Araber ausgesetzt sah. Durch alle Jahrhunderte hindurch konnte Aquitanien nie vollständig dem Frankenreich eingegliedert werden. Die entscheidenden Befriedungsleistungen waren noch zu vollbringen, nachdem die Araber geschlagen und über die Pyrenäen zurückgedrängt worden waren. Deshalb mußte Pippin der Kurze in seinen acht letzten Lebensjahren achtmal nach Aquitanien gegen Herzog Waifar zu Felde ziehen, und auch Karl der Große hat den Feldzug seines ersten Regierungsjahres nach Südfrankreich gelenkt, wo Waifar inzwischen von den eigenen Leuten erschlagen worden war. Pippin hat durch seine aquitanischen

Kriege für Frankreich dasselbe geleistet, was Karl später durch die Sachsenkriege für Deutschland leisten sollte. Sie brachten der französischen wie der deutschen Nation die Einheit. Die dritte Hauptaufgabe erwuchs der neuen fränkischen Großmacht aus der Notwendigkeit, sich mit den anderen Großmächten auseinanderzusetzen, die sie umgaben: dem geistigen Führungsanspruch des Papsttums, dem politischen der byzantinischen Kaiser, der beginnenden militärischen und kulturellen Vormachtstellung der Araber.

Von diesen Großmächten waren die Araber zunächst die gefährlichsten. Ihr Siegeszug gehört ebenso zu den Wundern der Weltgeschichte wie die Tatsache, daß er sich im Osten an den Mauern Konstantinopels und im Westen an der überlegenen Kraft der Frankenreiter unter Karl Martell gebrochen hat. 632 war Mohammed gestorben. Der Kalif Omar (634–644) gab den Raubzügen der Araberstämme durch die Idee des Heiligen Kriegs neue Stoßkraft. Gleichzeitig brachen das Sassanidenreich und die Herrschaft der Byzantiner in Palästina zusammen. Schon 642 wurden Ägypten und die Cyrenaika arabisch. 698 wurde Karthago ein zweites Mal, 900 Jahre nach der ersten Vernichtung, zerstört. Die Eroberung der afrikanischen Küstenländer war noch nicht abgeschlossen, als die Araber 711 nach Spanien übersetzten und in unaufhaltsamem Sturm die ganze Halbinsel einnahmen. Der letzte Gotenkönig Roderich verlor im Juli 711 zugleich das Reich und das Leben. Seit 720 überschritten die arabischen Raubheere die Pyrenäen. Auf Jahrzehnte wurde Narbonne zu einem festen Stützpunkt der neuen Macht. Autun wurde 725, Bordeaux 732 genommen. Im gleichen Jahr wurde das Kloster Luxeuil zerstört, und die Tradition seiner berühmten Schreibschule riß ab. Man weiß heute, daß innerarabische Wirren Karl Martell den großen Sieg ermöglicht haben, so daß er den Araberreitern im Oktober 732 den Weg zu dem fränkischen Heiligtum, dem Martinskloster in Tours, verlegen konnte. Nach vier Feldzügen blieb die Araberfrage für Karl Martell noch in seinen letzten Lebensjahren die Hauptsorge.

Doch war sein Sieg bei Tours ein welthistorischer Wendepunkt. Von gleicher Bedeutung waren die Abwehrsiege der Byzantiner. Zwischen 674 und 678 haben die Araber fünfmal die uneinnehmbaren Mauern Konstantinopels berannt und dabei so viele Kräfte verloren, daß sie zuletzt auch in offener Feldschlacht auf kleinasiatischem Boden eine Niederlage hinnehmen mußten. 717/18 sehen wir sie erneut zu Wasser und zu Lande die Riesenstadt einschließen und ein Jahr lang umschlossen halten. Das byzantinische Feuer, mit dem überraschend ihre Flotte vernichtet wurde, hat damals die Stadt und das oströmische Reich für weitere 735 Jahre gerettet. Die beiden ersten Kaiser der neuen isaurischen Dynastie aus Anatolien, Leo III., der Stratege (717–741), und sein Sohn Konstantin V. (741–775), waren den zur gleichen Zeit herrschenden Frankenfürsten Karl Martell, Pippin und dem jungen Karl an Härte, Organisationstalent und militärischer Kraft ebenbürtig. Als Politiker sind sie ihnen vielleicht noch überlegen gewesen.

Wie Karl Martell, so war auch Pippin ein großer Soldat, der keinen einzigen Feldzug seines Lebens gegen Alemannen, Sachsen, Langobarden, Aquitanier verloren hat. Dennoch ist der Mann der kleinen Statur vor allem als Politiker in die Geschichte eingegangen. Schon seine Ehe mit der jüngeren Bertrada hat ihm große politische Vorteile gebracht, zumal diese entfernte Verwandte seinen Hausbesitz aufs glücklichste mit Landgütern in der Eifel und an der Mosel abgerundet hat. Im Gegensatz zu ihrem Vater haben Pippin und noch mehr Karlmann, die beide in Saint-Denis erzogen wurden, die Reformbewegung des heiligen Bonifatius unterstützt. Zwar mußten beide einsehen, daß eine Rückgabe der Landgüter aus dem Adelsbesitz an die Kirche und die Vertreibung von Laien oder unwürdigen Söhnen großer Familien aus den kirchlichen Stellen ihnen ihre besten Gefolgsleute ebenso entfremden würden. Während aber Karlmann wegen dieser und wohl auch wegen der Langobardenfrage in einen Gewissenskonflikt geriet, der ihn 747 bestimmte, der Welt zu entsagen, verstand es Pippin, einen Mittelweg zu finden, mit dem Ergebnis, daß eben dadurch die Kirche wie der Staat gestärkt wurden. Er versuchte, den fränkischen Adelsklerus selbst zu reformieren. Dieses Ziel konnte er um so leichter erreichen, als Verhandlungen ihn gleichzeitig einem immer engeren Verhältnis zum Papsttum entgegenführten. Ist Karl Martell als der Mann in die Geschichte eingetreten, der die Araber zurückgeschlagen hat, so Pippin als jener, der ein Bündnis mit dem Papst eingegangen ist und von dessen Hand in Saint-Denis zum König gesalbt wurde. Was seit dem unglücklichen Versuch des Grimoald 656 kein Karolinger mehr gewagt hatte, konnte Pippin um so eher anstreben, als durch den Verzicht Karlmanns die Einheit des Reiches auch dann gewährleistet schien, wenn kein Merowingerkönig sie in seiner Person repräsentierte. Pippin der Mittlere, Karl Martell und Pippin der Kurze hatten sich immer nur einen Merowinger als König gehalten und damit auch die Einheit des Reiches gesichert. Nun kam der Papst Pippins Plänen entgegen, indem er ihn um Hilfe gegen die Langobarden anging. Eingedenk der großen Verdienste der Langobarden im Araberfeldzug hatte Karl Martell 738 ein ähnliches Ansinnen zurückgewiesen. Pippin bewies seinen politischen Spürsinn, indem er genau ein Jahr vor der Einnahme Ravennas (durch den Langobardenkönig) den Bischof von Würzburg Burkhard und den Erzkaplan Fulrad von Saint-Denis jene berühmte Frage an Papst

Zacharias stellen ließ, die uns nur ungenau überliefert ist. Er fragte *wegen der Könige in Franzien, die damals keine Macht als Könige hatten, ob das gut sei oder nicht.* Er muß sich der Antwort völlig sicher gewesen sein, die dann zu seiner Wahl zum König 751 durch die Großen der Franken und später 754 zu der Salbung durch Papst Stephan II. in Saint-Denis führte. *Papst Zacharias gab Pippin den Bescheid, es sei besser, den als König zu bezeichnen, der die Macht habe, statt den, der ohne königliche Macht blieb. Um die Ordnung nicht zu stören, ließ er kraft seiner apostolischen Autorität den Pippin zum König machen.*[6] Dem Papst wurden als Gegenleistung der Ducat Rom und das Exarchat Ravenna als Patrimonium Petri überlassen. Pippin mußte zweimal, 754/55 und 756, gegen die Langobarden zu Felde ziehen, um diesen Vertrag realisieren zu können. Die ganze Problematik des Vorgangs wird deutlich, wenn man sich vergegenwärtigt, daß er den lange verbündeten Langobarden etwas abnahm, was dem byzantinischen Kaiser gehörte, um es dem Papst zu geben.

Pippin kann diese welthistorische Entscheidung nicht leichtgefallen sein. Sie lief der langjährigen und erfolgreichen Praxis seines Vaters entgegen, der, mit den Langobarden verbündet, nur im Missionsbereich eine kirchenfreundliche, in den gesicherten Herrschaftsgebieten aber eine gegen die kirchlichen Interessen durchaus rücksichtslose Politik getrieben hat. Pippin hatte den romanischen Westen geerbt, sein Bruder Karlmann den germanischen Osten. Karlmann hat deswegen auch das Bündnis mit den Langobarden aufrechterhalten wollen, zu denen der Rhein als vielbenutzte Handelsstraße führte. Karlmann förderte das Reformwerk des Bonifatius, Pippin dagegen hielt es in Schranken. Pippins Gattin Bertrada scheint eher zur Politik Karlmanns und ihres «Schwiegervaters» geneigt zu haben. Papst Zacharias, dem Pippin seine Frage vorlegte, war für lange Zeit der letzte Grieche auf dem römischen Thron. Der byzantinische Kaiser Konstantin VI. zeigte sich an Italien uninteressiert. Stephan II., der Pippin dann gekrönt hat und mit ihm den Vertrag über den Kirchenstaat abschloß, war ein Lateiner. Schrittweise machte sich Pippin die römische Sache zu eigen. Erneut suchte er nach einem mittleren Weg. In zwei siegreichen Feldzügen, die nur gegen große Widerstände gerade des austrasischen Adels durchzusetzen waren, besiegte er die Langobarden, zwang sie aber nur, ihre jüngsten Eroberungen abzutreten. Er entschied sich dafür, aus der Hand des Papstes zugleich auch für seine Söhne den Titel eines *patricius Romanorum* anzunehmen, den bisher die Statthalter des byzantinischen Kaisers im Exarchat Ravenna geführt hatten. Er erkannte damit theoretisch die Oberherrschaft des Kaisers an, unterstellte aber das zugehörige Landgebiet dem Papst.

Dieser erstaunlich kluge, zugleich tatkräftige und vorsichtige Mann hinterließ seinen Söhnen ein schweres Erbe. Es wurde für Karl den Großen noch dadurch erschwert, daß seine Mutter entschieden zur langobardischen Seite neigte. Bertrada hat Karl veranlaßt, unmittelbar nach dem Tode des Vaters eine Tochter des Langobardenkönigs zu heiraten. Ihr ist es auch zuzuschreiben, daß ihr Neffe Tassilo von Bayern eine Schwester dieser ersten Gattin Karls heimführte. Die Tatsache allein beweist schon, daß der alternde Pippin nicht einmal sein eigenes Haus von der Richtigkeit seiner Entscheidung überzeugen konnte. Der Papst war empört und schrieb an den Hof, eine Langobardin könne man nicht heiraten; die Langobarden seien kein Volk; ob Karl der Stammvater von Aussätzigen werden wolle? Doch scheint ihn Bertrada auf einer Reise nach Rom 770 beredet zu haben. Vergegenwärtigt man sich die Werke der Langobardenkunst um und nach der Jahrhundertmitte, die mit Hilfe von byzantinischen Künstlern in Mailand, Pavia, Cividale, Castelseprio entstanden sind, bedenkt man, daß Desiderius selbst mit seinem lateinischen Namen, wie ihn vordem kein König dieses Volkes geführt hat, gleichzeitig ein Regierungsprogramm verkündet hat, so kann man sich dem Eindruck schwer entziehen, daß es auch die überlegene Renaissancekultur der Langobarden war, die Bertrada bestimmt hat, ihre Söhne zu Freunden dieses Volkes und Verteidigern des älteren Bündnissystems zu erziehen.

Um so erstaunlicher ist, daß sich Karl schon nach einem Jahr gegen die Mutter, die Gattin, den Bruder entschied. Die Langobardenprinzessin wurde verstoßen. Der Papst hatte den Ehebruch zu dulden. Karl übernahm das schwierige politische Programm seines Vaters – doch löste er es mit militärischen Mitteln. In seiner Natur haben sich die Fähigkeiten des Vaters und des Großvaters verbunden: das rasche, rücksichtslose Herrenwesen Karl Martells und jener mit größeren Zeiträumen rechnende, ausgleichende, abwartende Spürsinn Pippins.

Das Handwerk der Karolinger war der Krieg. Nichts anderes hatten sie gelernt, für nichts anderes waren sie erzogen, durch nichts anderes konnten sie sich beweisen. Die Siege allein gaben ihnen das Recht auf Herrschaft. Sie bezeugten zuletzt auch ihren Anspruch auf das Königtum. Wenn man später den Krieg das letzte Mittel der Politik genannt hat, so war es in der archaischen Welt noch ihr erstes.

Man hat die Jahre gezählt, in denen in dem Jahrhundert von Karl Martells Regierungsantritt bis zu Karls des Großen Tod (714–814) kein Feldzug stattfand. Der Untersuchung von J. F. Verbruggen entnehme ich die Daten: ein Jahr unter Karl Martell (740), vier unter Pippin (749, 750, 759, 764), zwei unter Karl dem Großen (790, 807). Ein Sommer ohne Krieg galt als vergeudete Zeit. Als Karl 790 zum erstenmal kein Aufgebot befahl, glaubten die Reichsannalen seine Untätigkeit entschuldigen zu müssen. *Um nicht den Eindruck zu erwecken, als sei er im Nichtstun erschlafft und vertrödele die Zeit, fuhr der König zu Schiff auf dem Main hinauf nach der Pfalz, die er in Germanien in Salz an der* (fränkischen) *Saale erbaut hatte und kehrte dann wieder auf demselben Fluß zu Tal nach Worms zurück,* lesen wir zu diesem Jahr.[7] Die Regel war bis 756, daß man zum März, danach meist erst zum Mai ein Heer versammelte, die Sommermonate im Felde verbrachte, im Herbst noch eine größere Reichsversammlung, eine Jagd oder eine Inspektionsreise unternahm, um dann die Wintermonate gemeinsam mit dem Hof auf einer Pfalz zuzubringen. Nur die Italienzüge fanden meist auch im Winter statt. Aus allen Teilen des Reiches mußte der landbesitzende Adel mit seinen Gefolgsleuten auf das März- oder Maifeld kommen. Sie hatten Waffen für sechs Monate und Verpflegung für drei Monate mit sich zu führen. Dort, auf den Heeresversammlungen, erfuhren sie, gegen welchen Feind es in diesem Sommer gehen würde. Überliest man die sich wiederholenden, sehr genauen Erlasse für das Aufgebot, so bewundert man die Wirksamkeit dieser Organisation. Jahr für Jahr wurde festgelegt, wer im Felde zu erscheinen hatte, wie seine Ausrüstung beschaffen sein sollte, wo und wann man sich versammeln wollte. Nach der Größe des Landbesitzes richtete sich die Zahl der Gefolgsleute, die jedem Mann von Adel und jedem Freien mit sich zu führen bestimmt war. Kleine Landbesitzer mußten oft zu mehreren nur einen Krieger stellen, zuweilen auch nur Teile seiner Ausrüstung und Verpflegung. Das Nachrichtensystem ist in diesem wegarmen und oft

Karl der Große. Idealbildnis, um 900 (?). Sankt Johann in Münster, Graubünden

unübersehbaren Land so gut, die Kontrollmaßnahmen müssen so wirksam gewesen sein, daß man sich schwer der Wehrpflicht entziehen konnte. Karl der Große hat es verstanden, die Verordnungen zur Erfassung aller Männer von Jahrzehnt zu Jahrzehnt genauer zu gestalten. Auch Bischöfe und Äbte hatten im Felde zu erscheinen, und seit 806 konnte niemand mehr ohne die Genehmigung des Hofes Mönch oder Priester werden, da die Erfahrung gezeigt hat, daß die Flucht in den geistlichen Stand, als der einfachste Weg, sich dem Kriegsdienst zu entziehen, von vielen gewählt worden war. Die Belastung der Frankenaristokratie und ihrer Vasallen durch das jährliche Aufgebot kann man sich nicht hoch und hart genug vorstellen. Mit der Entfaltung der Landwirtschaft und einem langsamen, doch kontinuierlichen Ansteigen des Lebensstandards und der Kulturbedürfnisse wurde dieser Druck ein immer schwerer ertragbarer. Doch war diese jährliche Zusammenkunft großer Teile des fränkischen Adels, ja anfänglich der ganzen freien Bevölkerung, von noch größerer politischer Bedeutung für den Zusammenhalt des Staates als die militärischen Erfolge selbst. In diesem ausgedehnten Land, in dem man unter so verschiedenartigen klimatischen Bedingungen in so unterschiedlichen Mischungen von Franken und Gallo-Römern lebte, wirkte der Kriegsdienst einer wechselseitigen Entfremdung entgegen. Man lernte sich kennen, ermaß Wert und Gesinnung der anderen, schloß Bündnisse, Freundschaften, auch Ehen, wuchs zur Gemeinschaft zusammen, trat in jenen Wettbewerb um die Gunst des Königs ein, der zu allen Zeiten den Staaten förderlich gewesen ist.

Die Grafen, Bischöfe, Äbte, jeder Mann von einigem Besitz und Rang, waren verpflichtet, ein Waffenlager zu unterhalten. Die Größe der Waffenkammer wurde von dem Umfang des Landbesitzes abhängig gemacht. Auch die Äbtissinnen der großen Frauenklöster hatten Waffenlisten vorzulegen. Durch ihre Waffen waren die Franken allen ihren Gegnern mit Ausnahme der Araber überlegen. Waffen gehörten zu den wertvollsten Gütern, welche die Kaufleute auf ihren Fernzügen beförderten. Karl hat Gesetze erlassen, die den Verkauf dieser Waffen an Fremde und Gegner verhindern sollten. Die Stoßkraft der karolingischen Heere beruhte auf ihren kleinen, dicht gedrängt vorwärtsstürmenden schweren Reitergruppen. Man hat errechnet, daß ihre Ausrüstung, die aus einem Helm, dem Harnisch, dem Schild, den Beinschienen, der Lanze, dem langen und schweren Schwert, einem guten Pferd und seinem Zaumzeug bestand, einen Gegenwert von 18 bis 20 Kühen oder Rindern darstellte. Kostspieliger als die Angriffswaffen waren die Schutzwaffen, also der Helm, der Harnisch, die Beinschienen, der Schild. Es entsprach der soziologischen Gliederung des Volkes wie des Heeres, daß diesen Schutz der eigenen Person sich nur die Mitglieder des hohen Adels leisten konnten. Auf Harnisch, Beinschienen und Helm mußte schon die Masse der leichten Reiterei verzichten. Das Fußvolk entbehrte bis auf den Schild jeder Schutzwaffe, doch war es außer mit Lanze und Schwert, zuweilen auch einem Dolch, noch mit Bogen und zwölf Pfeilen ausgerüstet. Den Heeren folgte ein Troß aus Kaufleuten und Transportknechten, die Waffen und Verpflegung in großen Wagen mit sich führten, deren Ladung zum Schutz gegen Feuchtigkeit, auch bei der Überquerung von Furten, ganz von Lederplanen umhüllt war. Die einzelnen hatten außerdem noch zweirädrige Karren für das eigene Gepäck mitgenommen. Einige Autoren nehmen an, daß ein Teil der Kriegserfolge der Karolinger der Einsicht zuzuschreiben ist, die Pferde mit der Brust die Wagen ziehen zu lassen. Denn die karolingischen Wagen beförderten Lasten von zwölf Metzen Korn und zwölf Maß Wein, und man hat errechnet, daß jede dieser Ladungen rund 600 Kilogramm schwer war.

Bezahlt wurden die karolingischen Krieger nicht. Es gab keinen Sold. Von der Landnahme her war es üblich geblieben, daß jeder den Krieg gleichsam auf eigenes Risiko betrieb. Sein Lohn war ein angemessener Anteil an der Beute, zugleich ein Beneficium in Form eines Stück Landes, das der König aus den eroberten Gebieten wie aus seinem eigenen Hausbesitz nehmen konnte. Hierbei waren gerade die Karolinger, allen voran Karl Martell, häufig gezwungen gewesen, auf kirchlichen Besitz zurückzugreifen. Auch die Maßnahmen Pippins, solche Übergriffe zu vermeiden, konnten nicht immer erfolgreich sein, denn das ganze System baute auf einer immer weiter ausgreifenden Landnahme auf. Wenn daher neue Gebiete nicht erobert wurden, mußte es zwangsläufig zur Schmälerung des Königsbesitzes selbst und damit auch zur Minderung seiner Macht und zur Stärkung des Adels kommen. Solange aber jeder Große noch zum jährlichen Feldzug verpflichtet war, solange die eigene Ausrüstung und Verpflegung ihn wirtschaftlich aufs äußerste belasteten, so lange mußte er sich auch vom König als dem Herrn über jedes Beneficium im wachsenden Maß abhängig fühlen. Das ist der Grund dafür, daß Aufstands- oder Unabhängigkeitserklärungen unter Pippin und Karl dem Großen immer seltener werden, jedoch zwangsläufig wieder an politischem Gewicht zunehmen mußten, als das Eroberungswerk abgeschlossen war.

Die Größe des Aufgebots Karls des Großen bei seinen wichtigsten Unternehmen ist auf 2500 bis 3000 Reiter und 6000 bis 10 000 Gefolgsleute zu Fuß berechnet worden. Nur ein Fünftel bis ein Viertel der Reiter, demnach zwischen 500 und 800, waren schwerbewaffnet.

Diesem Kern der Truppe stand unter Karl, wie vor ihm schon unter Pippin, die sogenannte *scara* zur Seite. Sie bildete die Leibwache, und man gewinnt den Eindruck, daß sie, die einzige ständige Truppe, während der Regierungszeit Karls in einem Ausmaße vermehrt worden ist, daß sie am Ende zu besonderen Aktionen auch im Winter eingesetzt werden konnte. Im Sachsenkrieg sind wichtige Erfolge von der *scara francisca* allein durchgeführt worden. In Notzeiten wurden zum *heriban* auch die Alten herangezogen, die man schon im 8. Jahrhundert *landweri* nannte.

Erst für Karl den Großen überblicken wir Taktik und Strategie, denen er seine wichtigsten Erfolge verdankte. An die Stelle der Angriffe von barbarischen Massen, an denen der Verteidigungswille der Römer seinerzeit zerbrochen war, hatte zuerst Karl Martell den Bewegungskrieg kleiner und geschlossener, doch schwerbewaffneter Reitertruppen gesetzt. Karl der Große ging meist so vor, daß er mehrere solche Elitetruppen von verschiedenen Seiten aus in das feindliche Land einfallen ließ, die sich erst hinter den feindlichen Linien zur Entscheidung treffen sollten. Mehrmals sind solche Aufmärsche für die Sachsenkriege bezeugt. Sowohl in das langobardische Italien wie in das arabische Spanien rückte er mit zwei Heeresgruppen vor. In seinen Feldzügen gegen Tassilo von Bayern 787 und die Awaren 791 sind es sogar drei gewesen, und meist ist es dann, wie in diesen beiden Unternehmungen, gar nicht mehr zur Schlacht gekommen. Der Feind fühlte sich umzingelt. Die Niederlagen einzelner Reitergruppen waren meist durch die Achtlosigkeit bedingt, mit der Unterführer ihre geschlossenen Formationen aufgelöst haben. Auch die Katastrophe am Süntelgebirge, die sächsische Aufständische einer fränkischen *scara* zufügten, wurde durch diese Auflösung der geschlossenen Reiterscharen verursacht. Karl der Große selbst hat bekanntlich nur in Roncevalles auf dem Rückweg von Zaragoza, das er nicht erobern konnte, eine Niederlage hinnehmen müssen, die dann für alle Späteren so wenig zu seinem Bild gepaßt hat, daß man sie zu einem Heldenepos verklärt hat. Karl der Große konnte seine Heere mit dem Bewußtsein in die Schlacht führen, daß weder sein Vater noch sein Großvater je einen Feldzug verloren hatten. Die Franken mußten sich für unbesiegbar halten. Ihr Vertrauen auf ihre Anführer gründete in dem Glauben an deren Heil. Man lebte in dem Hochgefühl der Siegeszuversicht, und man liebte den Krieg, den langen Feldzug wie die Schlacht selbst. Im Grunde waren es allein die großen Entfernungen, die dem Willen nach Eroberungen eine Grenze gesetzt haben.

FELDZÜGE GEGEN AQUITANIER, LANGOBARDEN UND ARABER

Wie Pippin und Karl Martell vor ihm, so mußte auch Karl seine Regierungsgeschäfte mit Kämpfen gegen Völker beginnen, die den Regierungswechsel zu Aufständen nutzten. Karl war am 9. Oktober 768 zur Krönung in Noyon gewesen, zu Weihnachten in Aachen, zu Ostern in Rouen. Dort erreichte ihn die Nachricht, daß Hunald, der Vater des Herzogs Waifar von Aquitanien, den ein Jahr zuvor in auswegloser Lage die eigenen Gefolgsleute erschlugen, nach 25 Jahren das Kloster, in dem er zurückgezogen lebte, wieder verlassen hatte, um die Großen seines Landes und die der Gascogne für einen Aufstand zu gewinnen. Das Unternehmen des alten Mannes mußte scheitern. Er wurde vom Herzog der Gascogne zusammen mit seiner Frau ausgeliefert und verschwand wohl in einem fränkischen Kloster. Unwahrscheinlich, daß er sich noch an den Hof des Langobardenkönigs retten konnte, wie eine einzige Quelle meint, um von dort aus den Widerstand gegen Karls Vormachtstellung wachzuhalten.

Alemannen und Bayern blieben ruhig. Die Sachsen aber wagten neue Raubzüge und verweigerten den Tribut. Einzelne Strafexpeditionen waren notwendig. Das bedeutsamste politische Ereignis des ersten Regierungsjahres war, daß Karlmann sich geweigert hatte, mit dem Bruder gemeinsam nach Aquitanien zu ziehen. Es begann ein Zerwürfnis, dessen Charakter im folgenden Jahr noch deutlicher zutage trat. Karls Mutter reiste über Bayern nach Italien. Karl ließ sich überreden, eine Tochter des Langobardenkönigs zu heiraten. Nach Karlmanns frühem Tod sah sich dessen Frau gezwungen, mit ihren Kindern zu Desiderius zu flüchten, während die fränkischen Anhänger Karlmanns, allen voran sein großer Vetter Adalhard, seit 775 Abt von Corbie, Karl als dem einzigen Herrscher huldigten.

Schon nach einem Jahr hat Karl die langobardische Ehefrau verstoßen. 773 hielt er mitten im Winter einen Reichstag in Genf ab. Hier fällte der Zweiunddreißigjährige gegen große Widerstände die eigentlich welthistorische Entscheidung seines Lebens, von der alles Spätere abhängen sollte. Er stellte sich auf die Seite des Papstes, entschloß sich, das alte, wenn auch gelegentlich gebrochene Waffenbündnis und alle Verträge mit den Langobarden aufzusagen, zog selbst mit einer Heeresabteilung über den Mont Cenis und sandte seinen Onkel Bernhard mit einer anderen über den Großen Sankt Bernhard. Einhard schildert die Vorgänge so, wie sie Karl selbst gesehen haben wollte. *Auf Bitten des Bischofs Hadrian von Rom unternahm er* (Karl) *den Krieg gegen die Langobarden. Diesen hatte auch schon sein Vater Pippin auf Andringen des Papstes Stephan unter-*

Langobardische Prinzessinnen.
Stuckfiguren aus einer langobardischen Kapelle. Vor 774. Cividale

nommen, nicht ohne große Schwierigkeiten, denn einige fränkische
Große, mit denen er gewöhnlich zu Rate ging, sprachen sich so ent-
schieden gegen sein Vorhaben aus, daß sie sogar offen erklärten, sie
würden den König verlassen und nach Hause zurückkehren.[8] Die
Politik von Karls verstorbenem Bruder, seiner Mutter, des Vetters
Tassilo war gescheitert. Ungewiß, ob hinter der politischen Entschei-

dung auch persönliche Motive gestanden haben. Karl hatte unmittelbar nach der Verstoßung der Langobardenprinzessin ein dreizehnjähriges Mädchen aus höchstem Alemannenadel, Hildegard, geheiratet, die ihm in zehnjähriger Ehe neun Kinder schenken sollte.

Der Langobardenfeldzug war ein voller Erfolg. Der Thronfolger Adalgis wurde in Verona belagert, doch konnte er nach Konstantinopel fliehen. Neun Monate, bis zum Juni 774, war Pavia eingeschlossen. Der König verbrachte Weihnachten beim Heer, Ostern in Rom. Desiderius mußte sich ergeben und verschwand mit Frau und Tochter hinter den Mauern fränkischer Klöster. Die Beute war beträchtlich. Noch bedeutender mögen die Kulturströme gewesen sein, die nach 774 aus Italien nach Norden fließen konnten. Eine Aufstandsbewegung langobardischer Großer unter dem Herzog Hrodgaud von Friaul konnte 776 hart und rasch niedergeschlagen werden. Karl hatte ein zweites Königreich gewonnen. Es kennzeichnet auch sein Verhältnis zum Papst und zum byzantinischen Kaiser, daß er das Land nicht für den Frankenstaat annektiert hat. Er nannte sich König der Franken und der Langobarden. Der Langobardenadel sollte zu seiner Person in ein ähnliches Treueverhältnis gebracht werden wie jener der Franken. Später hat Karl in Italien seinem Sohn Pippin eine eigene Hofhaltung einrichten lassen. Sein Weitblick ließ ihn damals Adalhard, einen der Führer der Langobardenpartei, als Minister und Erzieher dem jungen König zur Seite stellen. Nur den nördlichen Teil des Königreichs behielt er für sich. Ravenna übergab er ebenso wie Rom dem Papst, wenngleich er sich dort auch als der wahre Träger der Zivilgewalt ansah. Das südliche Herzogtum mit der Hauptstadt Benevent ließ er in loser Abhängigkeit, die ihm seit 787 immer größere Tributzahlungen einbrachte. Es ist bezeichnend, daß, solange Karl lebte, jeder Konflikt mit dem päpstlichen Stuhl vermieden werden konnte. Auch Byzanz mußte sich in die Gegebenheiten fast widerstandslos fügen. Das Vertrauen der Bevölkerung Italiens hat Karl freilich nie gewonnen. Er blieb dort immer ein Fremder, ja ein Feind. Er ist nie, wie in Frankreich oder Deutschland, in die nationale Geschichte als einer ihrer Heroen eingegangen, wenngleich seine Gestalt auch dort nicht vergessen worden ist. Verhältnismäßig gering war der Anteil, den Italien am fränkischen Kulturaufstieg genommen hat. Man stand dort der Antike zu nahe, um aus einer Wiederbegegnung mit ihren Werken neuen Auftrieb zu gewinnen. Doch soll nicht vergessen werden, daß der größte lateinische Dichter des 8. Jahrhunderts ein Mönch aus hohem Langobardenadel war, Paulus Diaconus, zuerst noch ein Gegner, dann, wenn auch mit Zurückhaltung, ein Verteidiger der fränkischen Sache.

Nach der Sicherung der Verhältnisse in Aquitanien und der Lösung der langobardischen Frage griff Karl einen dritten Gedanken auf, den vielleicht auch schon sein Vater und Großvater erwogen haben: die Schaffung einer spanischen Grenzmark. Ein Arabersieg, wie er dem Großvater so unendlichen Ruhm eingebracht hatte, mußte dem jungen Feldherrn als eine vor allem anderen verlockende Aufgabe erschienen sein.

Die Möglichkeit zur Verwirklichung dieser Ruhmestat spielte ihm ein Zufall in die Hände. Gedrängt durch die Rivalität im Innern des islamischen Spanien, erschienen auf Karls erstem Reichstag in Sachsen 777 in Paderborn zwei Araberfürsten, Sulaiman Ibn al-Arabi, Wali von Barcelona, und der Schwiegersohn von Yusuf al-Fihri, der unter Karl Martell noch Septimanien beherrscht hatte, mit großem Luxusgefolge und überreichten in einem symbolischen Akt dem jungen König die Schlüssel von Barcelona und vielleicht auch von Zaragoza. Sie kamen als Gegner des Abd al-Rahman, einem letzten Überlebenden der vertriebenen Omaijadenfamilie, der in Córdoba ein unabhängiges Emirat begründet hatte. Karl bot 778 ein ungewöhnlich großes Heer auf, um ihrem Angebot Folge zu leisten. Es waren neben den Franken selbst auch Burgunder, Bayern, Alemannen, Provenzalen, Aquitanier und sogar schon Langobarden ins Feld befohlen worden. Eine Heeresabteilung stieß von Narbonne aus nach Barcelona vor und fand keinen Widerstand. Karl ließ seine Ehefrau, die hochschwanger war, in Chasseneuil zurück und ging mit der anderen Abteilung über die Pyrenäen nach Pamplona und Zaragoza. Dort aber verschloß der Wali al-Husain die Tore. Karl scheint nach wenigen Tagen umgekehrt zu sein. Man hat nie genau bestimmen können, was ihn zu diesem eiligen Abbruch der wohl größten militärischen Expedition seines Lebens veranlaßt hat. Nach einer arabischen Quelle soll er Sulaiman von Barcelona wie einen Verräter gefangen mit sich geführt haben. Die Zerstörung von Pamplona auf dem Rückmarsch ist eine sinnlose Demonstration gewesen. Eine Befreiungsaktion zugunsten Sulaimans bei Roncevalles, die dessen Söhne geleitet haben, soll nach der gleichen Quelle zu jenem Überfall geführt haben, bei dem viele der vornehmsten Frankenführer gefallen sind, neben Hruodlandus, dem Markgrafen der Bretagne, der Seneschalk Egbihard und der Befehlshaber der Palastwache Anshelm. Es war vor allem ein baskisches Aufgebot, das diesen Sieg im Gebirge über die fränkische Reiterei errungen hat. Die zeitgenössischen Quellen verschweigen das Geschehen oder nennen es nur diskret am Rande. Einhard schildert ausführlich den Feldzug: *Mit möglichst großer Heeresmacht griff er* (Karl) *Spanien an, wo sich ihm nach dem Übergang über die Pyrenäen alle Städte und Burgen unterwarfen, und kehrte dann ohne Verlust mit seinem Heere wieder heim. Nur in* den Pyrenäen selber mußte er auf seinem Rückzug etwas von der Treulosigkeit der Waskonen verspüren. Als nämlich das Heer in langem Zuge, wie es die Enge des Ortes zuließ, einhermarschierte, stießen die Waskonen, die sich auf dem Gebirgskamm in Hinterhalt gelegt hatten – das Land dort ist nämlich wegen der dichten Wälder, deren es dort sehr viele gibt, zu Hinterhalten geeignet –, von oben auf das Ende des Trosses und der Nachhut, drängten sie ins Tal hinab und machten in dem Kampf, der nun folgte, alles bis auf den letzten Mann nieder, raubten das Gepäck und zerstreuten sich dann unter dem Schutz der einbrechenden Nacht in höchster Eile nach allen Seiten. Den Waskonen kam bei diesem Strauß die Leichtigkeit ihrer Waffen und das Gelände zustatten; die Franken dagegen waren durch das Gewicht ihrer Waffen und die Ungunst des Geländes in allem gegen die Waskonen im Nachteil. In diesem Kampfe fielen Eggihard des Königs Truchseß, Anshelm der Pfalzgraf und Hruodland (Roland), der Befehlshaber im bretonischen Grenzbezirk, und viele andern. Und dieser Unfall (!) konnte für den Augenblick auch nicht gerochen werden, weil sich der Feind nach Ausführung des Streichs so zerstreute, daß nicht die geringste Spur darauf leitete, in welchem Winkel man ihn hätte suchen können.[9] Es muß eine totale Niederlage Karls gewesen sein, die einzige seines Lebens. Sie hatte weitreichende Folgen auch für die spanischen Christen, die des Bündnisses mit den Landesfeinden beschuldigt und in Scharen zur Emigration gedrängt wurden, die Karl dann freilich einige seiner besten Ratgeber und Kirchenfürsten zuführte. Am Fuße der Pyrenäen in Chasseneuil ist dann dem geschlagenen König seine Frau mit ihrem eigenen Jammer entgegengetreten. Sie hatte Zwillingssöhne geboren, von denen nur einer, Ludwig der Fromme, am Leben geblieben war. Karl sollte Spanien, Aquitanien, ja ganz Südfrankreich nie mehr betreten. Die Bearbeitung der Reichsannalen nach dem Tode Karls durch einen seiner Vertrauten macht es für uns unwahrscheinlich, daß Karl auch persönlich die Niederlage je ganz überwinden konnte. *Cuius vulneris acceptio magnam partem rerum feliciter in Hispania gestarum in corde regis abnubilavit. [Diese Verluste überlagerten wie eine Wolke im Herzen des Königs einen großen Teil der spanischen Erfolge.]*[10]

Trotz aller Bemühungen sind die historischen Grundlagen und die Entstehungsgeschichte der Rolandsage nie ganz geklärt worden, mit welcher die Volksphantasie sich die Niederlage verständlich gemacht hat. Über das nahe Verhältnis zum König und den Rang Rolands unterrichtet vor allem eine Folge von Münzprägungen, die Rolands Namen auf der einen und den Karls auf der anderen Seite tragen. Nach einer späten Fassung soll Roland seine Stärke wie Siegfried der Tatsache verdanken, daß er ein Sohn Karls von der eigenen Schwester Berta gewesen ist, die jedoch in Wirklichkeit als fromme und hochgebildete Äbtissin Zeit ihres Lebens in Chelles gewirkt hat. Die Schuld der Eltern läßt der Mythos den Helden mit seinem frühen Tode büßen. Letztlich steht hinter dieser Fassung der Glaube an die Sendung der großen germanischen Familien, der aus Geschwisterehen sowohl die ersten Helden wie die erstaunlichsten Heiligen erwachsen ließ.

Eine politische Entscheidung, die wahrscheinlich unmittelbar nach der Niederlage noch in Chasseneuil fiel, hat dann nach Jahren dem ganzen Unternehmen doch noch einen glücklichen Abschluß gebracht. Karl ließ den in Aquitanien geborenen Sohn Ludwig zum König dieses Landes erheben. Drei Jahre später wurde das Kind von Papst Hadrian I. in Rom gesalbt. Der aquitanische Adel erhielt damit einen eigenen Landesherrn. Genau nach zwanzig Jahren (797) sollten sich die Ereignisse von Paderborn wiederholen. Wieder bot ein Wali von Barcelona, mit Namen Zado oder Zaid, Karl die Schlüssel seiner Stadt an, diesmal in Aachen. Wenig später wurden auch mit Alfons II. von Asturien Verbindungen aufgenommen. Seit 798 folgten die spanischen Feldzüge des jungen Ludwig und seines aquitanischen Grafen Wilhelm nach Spanien. Jetzt war es im wesentlichen ein südfranzösisches Aufgebot, das dieses Unternehmen, verstärkt durch einige Frankenführer, zu dem eigenen machte. 801 gelang die Einnahme Barcelonas. Die spanische Grenzmark war geschaffen, dehnte sich bis zum Ebro aus und mußte zuletzt noch zu Lebzeiten Karls auch von den Beherrschern Córdobas anerkannt werden. Am Aachener Hof sollten seit 797 islamische Gesandte und Flüchtlinge häufige Gäste werden. Der Kultureinfluß muß bedeutend gewesen sein. Damals war Córdoba nach jeder Richtung hin kulturell allen anderen Städten Europas überlegen. Die Lebensform des alternden Monarchen in Aachen selbst hat sich unter dem Einfluß des islamischen Herrscherstils geändert. Wir werden einer Weisheit und Ruhe begegnen, die uns von anderen Frankenmonarchen nicht überliefert ist. Einhard spricht auch von dem Frauenhaus in Aachen, in dem Eunuchen für Disziplin sorgten.

Karls Vorstöße zum Mittelmeer, nach Italien, Südfrankreich und Spanien, hatten den Gesichtskreis der Franken ausgeweitet. Die Beherrschung des Südens vom Norden aus mußte die Verhältnisse der Antike umkehren und im Kulturgefüge des Mittelalters eine Schwerpunktverlagerung zur Folge haben, die erst mit der italienischen Renaissance wieder ausgeglichen wurde.

DER SACHSENKRIEG

Gleichbedeutend mit Karls Südeuropa-Politik waren seine Maßnahmen im Osten. Als Rivalen um die Vormachtstellung der Franken waren durch Jahrhunderte sowohl Alemannen als auch Sachsen die gefährlichsten Gegner gewesen. Daß der Osten von Frankreich aus gesehen der Herrschaftsbereich der Alemannen ist, beweist die Tatsache, daß Deutschland zu «Allemagne» wurde, während es für Italien «Germania» blieb. Doch hörten wir, daß die Alemannen-Frage schon durch Karl Martell bereinigt worden war. Die letzten Aufstände konnte Pippin 742 und 746 niederschlagen. Die Sachsen waren durch die Merowinger aus ganz Frankreich wieder verdrängt worden. Mit ihren englischen Eroberungen sollten sie zu einer Weltmacht aufsteigen. An der Rheingrenze blieben sie gefährliche Gegner, die gleich nach dem Tode Pippins ihre Tributzahlungen aufkündigten.

33 Jahre währte das Ringen, an dessen Ende nach Einhards berühmtem Wort *die Sachsen mit den Franken ein Volk* geworden sind. Wir erleben ein Drama in drei Akten mit einem Vorspiel von – man darf es wirklich sagen – weltgeschichtlicher Bedeutung. Durch seine Sachsensiege hat Karl Deutschland geschaffen.

Das Vorspiel fiel zeitlich vor den Langobardenfeldzug von 773/74 und war eine Strafexpedition, wie sie auch Karl Martell und Pippin zur Sicherung ihrer Grenzen immer wieder unternehmen mußten. Die Sachsen drängten weiterhin zum Rhein. Als Gewinn konnte Karl die Eroberung der Eresburg südlich von Paderborn aufzeichnen lassen; der dramatische Höhepunkt war die Zerstörung eines sächsischen Baumheiligtums, der Irminsul, die zugleich als Weltensäule und Göttermal galt. Ein Quellwunder, von dem auch die Reichsannalen berichten und dessen natürliche Erklärung die Bodenbeschaffenheit liefert, schien die Expedition als eine gottgewollte zu bestätigen. Es kam nicht zu einer offenen Feldschlacht; an eine Gebietseroberung wurde noch nicht gedacht.

Im Jahre nach der Einnahme von Pavia sehen wir Karl erneut und diesmal mit weit größerem Einsatz von Düren aus nach Osten den Rhein überschreiten und in Westfalen eindringen. Die Sachsen hatten seine Abwesenheit zu einem neuen Aufstand genutzt, dem auch die Besatzung der Eresburg zum Opfer fiel. Im Besitz Italiens konnte Karl nunmehr großzügiger planen. Es muß einer der stolzesten Augenblicke seines Lebens gewesen sein. Er besaß damals keinen wirklichen Gegner außer den Sachsen mehr. Drei Sommer hindurch währten die Kämpfe, und diesmal ging es dem König um das Land selbst, dessen Grenzen ihm unbekannt waren. Seine Aufgabe war

Karl der Große übergibt Widukind den Sachsenspiegel.
Um 1405. Lüneburg, Ratsbücherei

um so schwieriger, als der feindliche Stamm in Teilstämme zerfiel: Westfalen, Ostfalen und Engern, die getrennt unterjocht werden mußten, sich auch getrennt bald hier und bald dort erhoben haben. Karl stieß immer wieder ins Leere und suchte das Unerforschte durch Burgen zu sichern. Teilstämme haben ihm stets von neuem gehuldigt. Die ersten Massentaufen erfolgten schon 777. Der Höhepunkt in diesem ersten Akt war jener Reichstag in Paderborn, von dem wir hörten, daß auf ihm auch Araberfürsten erschienen sind. Viele der sächsischen Großen huldigten dem König, doch nennen die Reichsannalen nur den Namen des einen, der nicht gekommen war: Widukind.

Dieser Volksführer ist die Figur, deren Tragödie den zweiten Akt beherrschen sollte, der Organisator eines Kleinkriegs, der sowohl die Wiederherstellung der Freiheit des Stammes als auch der einzelnen zum Ziele hatte. Im Unterschied zu den Geschehnissen des ersten Aktes hatte Karl jetzt unter den Sachsen sowohl zahlreiche Verbündete aus dem Adel als auch einen bedeutenden Gegner. Sieben Jahre blieb er an diese Aufgabe gefesselt. Träger des Widerstandes war ein freies Bauerntum, das die fränkische Lebensordnung als Unterdrückung empfand. Der Erlaß des Jahres 782 in Lippspringe, die ungeheuer harte *Capitulatio de partibus Saxoniae*, die selbst Alkuin verurteilt hat, bildete einen ersten Höhepunkt. Doch entsprachen ihre Strafbestimmungen dem Brauchtum des sächsischen Rechtes selbst. Leopold von Ranke vermerkt aus diesem Erlaß in seiner «Weltgeschichte» nur die Verordnung, die sich gegen Menschenopfer aus Kannibalismus gewendet hat.[11] Es wurde verboten, eine Frau als Hexe nur deshalb anzuklagen, um sie nachher töten und essen zu dürfen. *Capitulatio de partibus Saxoniae c. 6: Si quis a diabolo deceptus secundum morem paganorum virum aliquem aut feminam strigam esse et homines commedere et propter hoc ipsam incenderit vel carnem ejus ad commedendum decerit vel ipsam commederit, capitali sententiae punietur.* [*Verordnung für die sächsischen Gebiete: Wenn jemand vom Teufel verführt nach der Weise der Heiden einen Mann oder eine Frau anklagt, eine Hexe zu sein und Menschen zu essen und deswegen diese dann verbrennt oder ihr Fleisch zum Essen gibt oder selbst ißt, der wird mit dem Tode bestraft.*] In Karl mußte in diesen Jahren auch die Überzeugung herangewachsen sein, hier furchtbare Greuel gegen Christentum und Zivilisation zu bekämpfen. Doch folgte den Strafbestimmungen der Aufstand und die Vernichtung einer fränkischen Heeresabteilung am Süntel und die Bestrafung der Aufständischen, die der verbündete Sachsenadel selbst ausgeliefert hatte. Auf 4500 übertreiben die Berichte die Zahl der Aufständischen, die bei Verden niedergemetzelt worden seien. Der Bericht der Reichsannalen ist eindeutig: *Damals zog König Karl bei Köln über den Rhein und hielt eine Versammlung ab am Lippspringe. Dorthin kamen alle Sachsen außer dem aufständischen Widochind. Auch kamen dorthin Nordmannen, Boten des Königs Sigifrid, nämlich Halptani mit seinen Genossen. Ebenso trafen dort auch Avaren ein, die vom Kagan und Jugurr abgeschickt waren. Nachdem der Reichstag hier zu Ende war, kehrte König Karl nach Francien zurück.*

Und als er wieder umgekehrt war, erhoben sich sofort die Sachsen wieder in der gewohnten Weise auf Betreiben des Widochind . . . Als das der König Karl hörte, zog er mit den Franken, die er in Eile zusammenraffen konnte, dorthin und gelangte an die Mündung der Aller in die Weser. Dort sammelten sich wieder alle Sachsen und unterwarfen sich der Gewalt des Königs und lieferten alle die Übeltäter aus, die diesen Aufstand vor allem durchgeführt hatten, zur Bestrafung mit dem Tode, 4500, und dies ist auch so geschehen, ausgenommen den Widochind, der ins Gebiet der Normannen entfloh.[12]

Wie viele mögen bei den vorausgehenden Kämpfen gefallen sein? Dieses harte Gesetz und die erschreckenden Strafen gaben Widukind 783 die Möglichkeit, zum ersten- und letztenmal in diesem langen Krieg die Stämme zu zwei großen Feldschlachten zu führen, doch sind in beiden, sowohl in der Schlacht bei Detmold als auch an der Haase, die Franken Sieger geblieben. Dieser zweite Akt des Sachsenkrieges schließt mit der Taufe Widukinds 785 in Attigny ab. Widukind hatte den Glauben an seine Sache und das Vertrauen auf sein Glück und seine Götter verloren. Mit seinem Übertritt schritt der Sachsenherzog aus der Geschichte hinaus und in jenen Mythos hinein, der in ihm mehr den Bekenner als den Volkshelden gesehen hat.

Für Karl schien der Krieg beendet. Er konnte sich an die Organisation der Provinz begeben, Bischofsstädte, Missionsklöster und Burgen bauen. Der König, der schon mehr als ein Jahrzehnt durch diese Wälder und Ackeroasen geritten war, erwies sich dabei als der bedeutendste Landesplaner, den die deutsche Geschichte nach den Römern besessen hat. Was immer er gründete, hatte die Kraft zur Blüte. Drei der neuen Bischofszentren, Paderborn, Osnabrück und Minden, die er einrichten ließ, beherrschten wichtige Zugangsstraßen und Gebirgspässe. Ein viertes, dessen Standort ein Kirchenmann, der heilige Liudger, bestimmt hatte, entwickelte sich zum Kultur- und Missionszentrum, später zur Hauptstadt Westfalens, Münster. In der großen Pause dieses Dramas, die ebenso wie der zweite Akt sieben Jahre gedauert hat, begann ein echtes Befriedungswerk.

Wenn das Drama dennoch einen dritten, längsten und letzten Akt erhalten sollte, so deshalb, weil Karl die Größe der Landmassen und die Regenerationskraft der Stämme im weiteren Norden und Osten auch jenseits der Elbe unterschätzt hatte. Wie 778 während des Araberfeldzuges erhoben sich 793 während des Awarenkrieges die Sachsen erneut. Es war der äußerste, von der fränkischen Verwaltung noch kaum erfaßte Norden, von dem diese Empörung ausgegangen ist. Eine Heeresabteilung, die Graf Theoderich, ein entfernter Vetter des Königs, durch Friesland herangeführt hatte, wurde in Rüstringen an der Weser aufgerieben. Als sich aber Karl und sein ältester Sohn 794 in zwei Heereszügen aufmachten, um die vereinigten Sachsen südlich von Paderborn zu fassen, löste sich das feindliche Heer auf. Man bekundete Frieden, erneuerte Gelöbnisse. Dieser Kleinkrieg, der sich noch zehn Jahre hinziehen sollte, war um so ärgerlicher, als er in keinem Verhältnis zu den Machtmitteln stand, die Karl zu seiner Unterdrückung einsetzen mußte. Karl sah sich gezwungen, den Winter von 797 auf 798 in einem Lager an der Weser zuzubringen, das er, vielleicht nach seinem Geburtsort, Heristelle nannte. In einem neuerbauten Pfalzsaal in Paderborn empfing er 799 den Papst zu einer feierlichen Besprechung, über die wir in einem Epos Bericht besitzen, das den Frankenkönig den Leuchtturm Europas nennt. Karl hatte eingesehen, daß er dieses Land aus der Nähe verwalten müsse. Immer zahlreichere Mitglieder des sächsischen Adels erkannten, daß sie ihren Kampf ohne Aussicht auf Erfolg fortsetzten. Dennoch konnte ihn Karl nicht beenden. Es war, als wenn die Söhne der Erschlagenen von Verden, Detmold, der Schlacht an der Haase jetzt ihre Blutrache haben müßten. Durch drei Maßnahmen wurde das Ringen endlich doch zum Abschluß gebracht. Karl milderte die alte *Capitulatio de partibus Saxoniae* von 782 zum *Capitulare Saxonium* von 797, ja, er ließ wenige Jahre später die sächsischen Volksrechte selbst als die maßgebliche Rechtsordnung aufzeichnen und ins Lateinische übertragen. Er verbündete sich außerdem mit den slawischen Stämmen, denen er das Land östlich der Elbe überließ, aus dem damals die Sachsen verdrängt wurden, die erst Jahrhunderte später zurückkehren konnten. Daneben verfügte er die Deportation ganzer Bevölkerungsgruppen; es sollen über 10 000 Menschen gewesen sein, die um- und ausgesiedelt wurden, viele von ihnen, um in streng bewachten Lagern ihre Tage zu verbringen. Sachsenhausen bei Frankfurt soll damals entstanden sein. In Verdun, dem großen Umschlagplatz für Sklaven, wurden während aller Kriegsjahre vor allem sächsische Frauen angeboten, die freilich noch nicht getauft sein durften. Der Friede von 804 wurde mit einem Volk geschlossen, das dezimiert, von seinen Führern verlassen und großer Landteile im Osten zugunsten der Slawenstämme beraubt worden war. In den Erbfolgekriegen der Söhne Ludwigs des Frommen konnte dennoch eine sächsische

Freiheitsbewegung noch einmal für kurze Zeit Bedeutung gewinnen. Knapp hundert Jahre später war die Volkssubstanz gerade dieses Stammes wieder in einem Ausmaß erstarkt, daß er, angeführt von Herzögen, die vielfach den Karolingern versippt waren, nicht nur die Hauptlast des Krieges gegen die Ungarn tragen konnte, sondern die Führung in dem neuen Kaiserreich übernahm.

Unter den drei großen Gegnern Karls, Desiderius, Widukind und Tassilo, ist sicher Widukind die kühnste, Tassilo aber die tragischste Gestalt. Er und sein Herzogtum Bayern sind Karl dem Großen praktisch ohne Kampf unterlegen. Tassilo sah sich in wachsendem Ausmaß in eine politische Lage gedrängt, von der aus jeder Widerstand sinnlos gewesen wäre. Und auch noch seine Gefangenschaft wird von besonderer Tragik überschattet. Aus der Klosterhaft, wahrscheinlich in Lorsch, muß er sechs Jahre später in Frankfurt noch einmal vor Karl erscheinen, um als Machtloser erneut auf jeden Anspruch zu verzichten, ja, er muß dafür danken, daß Karl so milde mit ihm und den Seinen verfuhr, als wäre es um seine Person, nicht um den Staat gegangen. Anschließend scheint er zusammen mit seinen beiden Söhnen Theodo und Theotbert nach Jumièges gebracht worden zu sein, jenem Benediktinerkloster auf einer Halbinsel der Seine, das vollkommen fluchtsicher war. Doch wissen wir auch dies nicht mit Gewißheit. Zur Strafe gehörte, daß die Gestalt ganz aus der Geschichte verschwinde. Kein Chronist berichtet Tassilos späteres Schicksal. Man wußte nichts über ihn, fand nichts mehr der Aufzeichnung würdig und getraute sich nicht, seiner zu gedenken. Denn Karls Urteil richtete sich gegen die ganze Dynastie. Auch die Ehefrau und beide Töchter, Hroddrud und Cotani, verschwanden hinter den Mauern fränkischer Klöster; die eine wurde in Chelles unter der Aufsicht Karls eigener Schwester untergebracht, die andere in Laon.

Bayerns Abhängigkeit von dem Merowingerkönigtum bestand mindestens seit dem ausgehenden 6. Jahrhundert. Ihre staatsrechtliche Form ist wohl nie genau festgelegt worden. Doch fand eine Unterwanderung des Staatsgefüges durch zahlreiche fränkische Grafen statt, die in Bayern Landbesitz zugesprochen erhielten. Franken und Bayern haben sich gern durch Heirat verbunden. Später gaben die Karolinger selbst dafür das beste Beispiel. Die agilolfingischen Thronerben sahen sich genötigt, karolingische Fürstinnen heimzuführen. Dem Blute nach war Tassilo zu drei Vierteln Franke. Auch ist es vorgekommen, daß die Großen der Bayern im fränkischen Kernland und in Burgund für treue Kriegsdienste wertvolle Ländereien erhielten. Durch mehr als ein Jahrhundert besetzten bayerische Adelsfamilien, um nur ein Beispiel zu nennen, die wichtigste kirchliche Pfründe in Auxerre, die Karl Martell ihnen überlassen hatte. Doch immer wieder kam es zu Aufstandsbewegungen der Bayern, und vielfach erfreute sich das Land einer unangefochtenen Selbständigkeit, da die fränkischen Hausmeier anderwärts beschäftigt waren.

Pippin hat Tassilos Vater Odilo besiegt, nachdem er ihm kurz zu-

vor, wohl gegen bessere Absichten auf Drängen Swanahilds, der zweiten Gattin Karl Martells, die eigene Schwester Hiltrud zur Gattin gegeben hatte. Tassilo ist 741, ein Jahr vor Karl dem Großen, geboren worden. Da sein Vater schon 749 starb, ernannte ihn Pippin als Achtjährigen zum Herzog von Bayern und konnte dies um so eher verantworten, als anfangs für den Minderjährigen seine Schwester Hiltrud bis zu ihrem Tode 754, dann er selbst die Regierung übernahm. 756 sehen wir den Fünfzehnjährigen zum erstenmal ein eigenes Kontingent im Langobardenfeldzug des Onkels anführen. Spätere Ereignisse lassen uns ahnen, daß frühzeitig auch eine persönliche Rivalität zwischen den gleichaltrigen Vettern Karl und Tassilo aufgekommen sein muß, zumal der Agilolfinger sich des vornehmeren Gebläts hätte rühmen können. Im Jahr darauf muß er vor Pippin und seinem Hof in Noyon erscheinen, um nicht nur ihm, vielmehr auch den beiden Söhnen Karl und Karlmann die Vasallität zu schwören. Es hängt mit der Politik von Pippins Gattin Bertrada zusammen, daß Tassilo ebenso wie Karl in erster Ehe eine Tochter des Königs Desiderius geheiratet hat. Die Tatsache, daß Karl seine erste Frau schon nach einem Jahr verstieß, muß die Entfremdung der Vettern gefördert haben. Es gibt Anzeichen, die auf den großen Einfluß der Langobardenprinzessin in Regensburg, der Residenz der bayerischen Herzöge, schließen lassen. Für Tassilo war es zeitweise durchaus noch realistisch, dem Frankenstaat einen Alpenstaat gegenüberzustellen, zu dem sich Langobarden, Bayern und vielleicht auch die Alemannen zusammenschließen hätten können.

Da Pippin, wie wir gesehen haben, in seinen letzten Lebensjahren in wachsendem Ausmaß mit der Eroberung und Befriedung von Südfrankreich beschäftigt war, ist es verständlich, daß sich das entfernte Bayern einer fast uneingeschränkten Selbständigkeit erfreuen konnte. Tassilo hatte den Feldzug in Aquitanien von 763 offenbar ohne Genehmigung und in Unfrieden verlassen und sollte sich später nie mehr an den fränkischen Kriegen beteiligen. Diese «Fahnenflucht» – die Quellen sprechen von *herisliz*, dem Verlassen des Heeres – hat sich dem Herzen Karls des Großen als eine so tiefe Kränkung eingeprägt, daß er sie, und nicht die zahlreichen späteren Verletzungen der Bündnispflicht, nach 25 Jahren (788) herausstellte, um Tassilo zu verurteilen. Allein machtpolitische Erwägungen hätten dazu nicht ausgereicht. Bayern war Pippin 768 so ferngerückt, daß er in seinem Testament das Herzogtum keinem seiner beiden Söhne unterstellte. In Regensburg lebte man für sich. Tassilo konnte sich der inneren Organisation seines Staates zuwenden.

Seine Herrschertätigkeit erfassen wir in drei Bereichen: der Bündnispolitik mit Slawen, Awaren und Langobarden, der Kirchenpolitik und der Förderung der Kultur. Von diesem letzten Bereich wird noch in anderem Zusammenhang zu sprechen sein. Es hängt sicher auch mit dem tragischen Geschick des Hauses zusammen, daß sich zuletzt nur zwei Werke von hohem Rang aus Tassilos Besitz erhalten haben, der Tassilo-Kelch in Kremsmünster und jenes köstliche Psalterium, das in die Bibliothek der Medizinischen Fakultät von Montpellier verschlagen wurde. Immerhin handelt es sich bei ihm um das älteste und sicher auch eines der schönsten höfischen Gebetbücher, die sich nachweisen lassen.

In der Kirchenpolitik verfolgte Tassilo ähnliche Ziele wie Pippin und Karl der Große selbst. Wie sie strebte er nach einem engen Bündnis mit Rom; wie sie hat er die angelsächsische Mission und das Wirken des heiligen Bonifatius begünstigt. In besonderem Ausmaße ist er persönlich als Klosterstifter hervorgetreten, wenngleich von den zahlreichen bayerischen Klöstern, die ihn als Gründer verehren, wohl höchstens vier oder fünf tatsächlich von ihm oder seinem Vater begründet worden sind, allen voran Kremsmünster und Mondsee. Trotz des Eigenlebens, das Bayern politisch führen konnte, gab es gerade in den kirchlichen Kreisen auch zahlreiche Anhänger der fränkischen Sache.

Tassilo hat es verstanden, mit den vier Völkern, den Böhmen, Mähren, Awaren und Karantanen oder Slowenen, die im späteren Kärnten siedelten, durch alle Jahre in Frieden zu leben. Einzelne Aufstandsbewegungen wie jene der Karantanen, die Tassilo 772 niederwarf, behielten einen durchaus lokalen Charakter. Ostgrenze wie Missionsgrenze wurden nicht eindeutig abgesteckt. Bayern mußte diese Völker als die natürlichen Verbündeten gegen die Franken ansehen. Es entspricht der Natur der Sache, daß Tassilo in dringlichster Existenznot immer wieder bei den Awaren Rückhalt suchte. Gerade diese Bündnisse wurden ihm von Karl dem Großen stets von neuem vorgeworfen. Eine selbständige Außenpolitik mußte Karl seinem Vasallen grundsätzlich verbieten. In diesem Zusammenhang hat sich eine Szene dem historischen Bewußtsein eingeprägt, die von symbolischer Bedeutung für die Gesamtsituation gewesen ist. Tassilo hatte 787 vergeblich den Papst um Vermittlung zu seinen Gunsten gebeten. Anschließend hatte er sich geweigert, vor Karl auf einem Reichstag in Worms zu erscheinen. Karl war gezwungen, gegen ihn bis Augsburg zu Felde zu ziehen. Es konnte nicht zur Schlacht kommen, weil der bayerische Adel zu Karl hielt. Tassilo hat damals am 3. September 787 auf dem Lechfeld sein Zepter, dessen Spitze ein Männerkopf zierte, dem König überreicht, um es dann von Karl als dessen Vasall wieder zurückzuerhalten. Man hat den Versuch unternommen, dieses Zepter mit Hilfe der beiden Leuchterschäfte zu rekonstruieren, die sich zusammen mit dem Tassilo-Kelch in Kremsmünster erhalten haben. Doch halten die meisten Kenner diese Schäfte nicht mehr für Werke des 8. Jahrhunderts, vielmehr des 11. oder gar 12. Jahrhunderts. Immerhin unterrichtet uns die historische Szene der Zepterübergabe und Zepterverleihung über die Bedeutung von Herrschaftszeichen auch für die frühe Karolingerzeit. Auf abermalige Anklagen hin wurde Tassilo 788 auf dem Reichstag in Ingelheim wegen der schon 25 Jahre zurückliegenden Fahnenflucht zum Tode verurteilt, von Karl aber zu lebenslanger Haft begnadigt.

Man vergißt allzu leicht, daß für das archaische Bewußtsein Selbstanklage und Reuebekenntnis für jede Verurteilung notwendig erschien, daß dem Angeklagten selbst nach grausamsten Strafen das Bekenntnis abgefordert wurde, sie seien für sein Vergehen zu milde gewesen. Auch Karl hat diese Selbstanklage Tassilo abgefordert. Wieder sind es die Reichsannalen, die zum Datum 788 den Vorgang genau schildern. *Da versammelte König Karl einen Reichstag auf dem genannten Hofgut Ingelheim, dorthin kam Tassilo auf Weisung des Königs wie auch seine anderen Vasallen, und zuverlässige Baiern fingen an zu sagen, Tassilo halte sein Wort nicht, vielmehr erwies er sich nachher als eidbrüchig, nachdem er schon unter andern Geiseln auch seinen Sohn gegeben und den Eid geleistet hatte, und zwar auf Betreiben seiner Frau Luitberga. Das konnte Tassilo auch nicht bestreiten, sondern mußte gestehen, daß er nachher Boten zu den Awaren geschickt, die Vasallen des genannten Königs zu sich entboten und ihnen nach dem Leben getrachtet habe. Wenn seine Leute Treue schworen, forderte er sie auf, eine andere Gesinnung festzuhalten und den Schwur arglistig zu leisten. Ja er bekannte sich sogar zu der Äußerung, auch wenn er zehn Söhne hätte, wollte er sie alle verderben lassen, ehe die Abmachungen gültig bleiben und er zu dem stehe, was er beschworen habe. Nachdem all das gegen ihn erwiesen war, zeigte sich, daß die Franken und Baiern, Langobarden und Sachsen und wer aus allen Ländern auf diesem Reichstag versammelt war, in Erinnerung an seine früheren Übeltaten und wie er bei einem Heereszug den König Pippin verließ (zu deutsch harisliz), diesen Tassilo zum Tode verurteilte. Während aber alle einstimmig ihm zuriefen, er solle den todbringenden Richterspruch fällen, erreichte der genannte fromme König Karl voll Erbarmen aus Liebe zu Gott und weil er sein Vetter war, bei diesen Gott und ihm getreuen Männern, daß er nicht sterben mußte. Und auf die Frage des genannten milden Königs, was sein Begehren sei, bat Tassilo darum, sich scheren lassen, in ein Kloster eintreten und seine vielen Sünden bereuen zu dürfen, um seine Seele zu retten. Desgleichen wurde sein Sohn Theodo abgeurteilt, geschoren und ins Kloster gesteckt.*[13] Das also war die offizielle fränkische Version über den Ingelheimer Gerichtstag. Wie wenig mußte realiter gegen Tassilo vorgelegen haben, so daß man auf die lange verjährte Schuld aus Pippins aquitanischen Unternehmen zurückgreifen mußte, einen Vorgang, der die beiden Vettern entfremdet hat, als Karl 21 und Tassilo 22 Jahre alt war. Alles andere ging offenbar auf das Zeugnis von «zuverlässigen Baiern» zurück, gekauften Männern, von denen jeder wußte, daß sie nicht die ganze Wahrheit sagten.

Unmittelbar nach der Absetzung hat sich Karl nach Regensburg begeben. Noch in Ingelheim mußte ihm sein gefangener Gegner den gesamten Herzogschatz aushändigen. In Regensburg haben dann die bayerischen Großen ihren Treueeid geleistet. Wie mächtig die Opposition gegen Karl immer noch in Bayern gewesen ist, erweist der

Aufstand von 792 in Regensburg, an dessen Spitze sich Karls ältester Sohn von einer Nebenfrau Himiltrud, Pippin der Bucklige, stellte. Es ist uns nicht mehr möglich, die persönliche Tragik zu deuten, die aus der Tatsache erwuchs, daß Karl einen Sohn aller Rechte berauben mußte, weil er verwachsen war. Sogar den Namen, der einen Erbanspruch beinhaltete, hat er danach noch einem anderen Sohn gegeben. In Regensburg wollte er die Bayern durch das Schauspiel eines schrecklichen Bluturteils von seiner Macht überzeugen. Die Aufständischen wurden vor allem Volk geköpft, gekreuzigt, gegeißelt oder deportiert. Pippin verschwand in Klosterhaft. Bayern wurde straffer organisiert, und die Regierung einem der Schwäger Karls, dem Alemannen Gerold, unterstellt. Es bleibt bedeutsam, daß Karl das Herzogtum als solches bestehenließ. Ein Jahrzehnt später hat er ihm auch in Salzburg eine kirchliche Hauptstadt gegeben. Einer seiner treuesten Gefolgsleute, Arn, Klosterschüler aus Freising, später Abt von Saint-Amand, wurde 789 Erzbischof der provincia Baiovariorum. Wenn Karl Salzburg der Hauptstadt Regensburg vorzog, so lag dahinter nicht nur die Absicht, die Stellung der alten Kapitale zu schwächen, sondern vielmehr der übergeordneten Ostmission das Schwergewicht zu geben. Die Selbständigkeit Bayerns hat dann auch im 9. Jahrhundert eher noch zugenommen. Seitdem Ludwig der Fromme seinen ältesten Sohn Lothar 817 zum König von Bayern ernannte, ist es bis zum Ende der Karolingerherrschaft ein Königreich geblieben, dessen Einheit in allen späteren Erbstreitigkeiten unangefochten blieb.

AWARENZÜGE

Die letzte große militärische Aufgabe – wenn man von dem fort-
schwelenden Sachsenkrieg absieht –, der sich Karl stellen mußte, war
die Sicherung der Grenze im Südosten. Durch die Eroberung des
Langobardenreiches und die Unterjochung Bayerns war sie und mit
ihr unmittelbar das Awarenreich in das Blickfeld des Frankenkönigs
gerückt. Diese Reiternomaden, deren Kampfesweise, Staatsform und
Sitte denen späterer Mongolenstämme eng verwandt waren, stellten
vom Tode Justinians I. 565 bis zum Siege Karls 791 den bedeutendsten Machtfaktor im Balkanraum dar. Die Blütezeit der Awaren fällt
in die Jahrzehnte vor und nach 600, als sie die byzantinischen Kaiser
mit immer härteren Tributforderungen belasten konnten und weit
nach Friaul ihre Beutezüge ausdehnten, wobei sie die Städte ausraub-
ten, die Männer erschlugen, die Frauen mit sich führten. Ihr Reiter-
hochmut ließ sie alle anderen Völker als Sklaven betrachten, deren
Leben keinen Wert besaß und denen gegenüber jede Rücksicht Herab-
lassung gewesen wäre. Doch hatte man sich schon lange mit Byzanz,
mit den Langobarden, selbst mit Bayern friedlich arrangiert, ehe die
Awaren-Frage für Karl zu einer politischen Realität wurde. Joseph
Deer hat geschildert, wie dieses Volk seit mehr als einem Jahrhundert
den Weg in den Niedergang angetreten hatte, so daß auch die Hoffnungen, die Tassilo auf seine Hilfe setzte, trügerisch sein mußten.
Die Awarenreiter sind Ende des 8. Jahrhunderts einer größeren kriegerischen Aktion nicht mehr fähig gewesen. Außerdem kamen sie mit
ihren Hilfeversuchen für Tassilo zu spät und lieferten damit lediglich
den willkommenen Anlaß zum entscheidenden Gegenschlag.

Keines seiner früheren Unternehmen hat Karl mit gleicher Umsicht und gleichem Aufwand vorbereitet. Der Awarenzug wurde sein
reifes strategisches Meister- und Alterswerk. Der Gedanke, mit einer
weitausgreifenden Zangenbewegung den Feind tief hinter den eigenen Linien zu fassen, erhielt hier seine großzügigste Verwirklichung.
In drei Kolonnen, links und rechts der Donau und, diese erst am
Wienerwald treffend, von Italien und dem Friaul herauf, rückte man
vor. Auch ideologisch war der Feldzug sorgsam als ein Kampf gegen
die Feinde des Christentums gerechtfertigt worden. Um den Charakter dieses Feldzuges als den eines heiligen Krieges gegen die Heiden
zu kennzeichnen, hatte Karl besondere Andachtsübungen befohlen.
Es ist ein neues Bild, die Frankenreiter drei Tage vor der Schlacht
fasten und beten zu sehen. Und auch diese Bußübungen, wie wir sie
immer wieder in den späteren Kriegen des Mittelalters finden, waren
bis in die Einzelheiten organisiert worden. Genau wurde vorgeschrie-
ben, wieviel man essen und trinken dürfe und um welche Summe

man sich von dem Weinverbot freikaufen könne. Wozu es freilich dann nicht mehr gekommen ist, war die Schlacht selbst. Die Awaren stellten sich nicht zum Kampf. Sie wollten keinen Krieg. Kampflos nahm Karl das Vorfeld des awarischen Reiches, den fast unbesiedelten Raum zwischen der Enns und dem Wienerwald, kampflos auch das Land zwischen dem Wienerwald und der Raab. Nur sein Sohn Pippin, der von Italien aus vorstieß, mußte ein größeres Gefecht mit den Truppen des Grenzschutzes bestehen. Unermeßliche Beute fiel den Franken in die Hände. Es scheint, daß Karl die awarische Macht auch nach diesem Feldzug noch weit überschätzt hat. Denn an ihn schlossen sich noch größere Vorbereitungen an. Das ganze Jahr 792/93 bis zum Herbst verbrachte der König in Regensburg. Hier ließ er zur Erleichterung der Transporte eine Schiffsbrücke über die Donau schlagen, von hier aus organisierte er den Versuch, zwischen Eichstätt und Weißenburg die Flüsse Rezat und Altmühl durch einen Kanal, die *Fossa Carolina,* zu verbinden, ein Werk, das sicher gelungen wäre, hätten nicht ungewöhnliche Regenfälle das Unternehmen gestört und Versorgungsschwierigkeiten den Abzug der Truppen erzwungen. Ein Sachsenaufstand Ende 793 hat Karl dazu bestimmt, seinen zweiten Awarenfeldzug aufzugeben. Er überließ das ganze Unternehmen von jetzt an seinem Sohn und dem bayerischen Regenten Gerold. Wahrscheinlich als Strafe für den verlorenen Krieg wurden der Kagan der Awaren und sein Unter- oder Nebenkönig der Jugurri von ihren Leuten ermordet. Innere Wirren schwächten weiter die Kampfkraft. Als dann Pippin 795 und 796 zu den letzten großen Schlägen ausholte, fand er keinen Gegner mehr. Die Awaren kamen ihm um Frieden bittend entgegen. Erneut kampflos nahm er die awarische Hauptbefestigungsanlage, den großen Ring. Die in Jahrhunderten angesammelten Schätze fielen in seine Hand. Ungeheueren Eindruck rief die Beute im Frankenreich hervor. Noch Einhard berichtet: *Alles Geld und die seit langer Zeit angehäuften Schätze fielen in die Hände der Franken. Kein von den Franken geführter Krieg, so weit Menschengedenken reicht, hat diese mehr bereichert und mit Gütern ausgestattet. Denn während man sie bis dahin beinahe als arm ansehen konnte, fand sich nun im Herrschersitz so viel Gold und Silber, und in den Schlachten fiel ihnen so kostbare Beute zu, daß man mit Recht glauben dürfte, die Franken hätten gerechterweise den Hunnen das entrissen, was diese früher anderen Völkern ungerechterweise geraubt hatten.*[14] Die Awaren unterwarfen sich. Wiederholt schickten sie Gesandte. Bereitwillig nahmen sie den Christenglauben an. Karl konnte zwei Jahre nach dem großen Sieg Salzburg zum Erzbistum erheben und von dort die Awaren- und Slawenmission systematisch betreiben. Doch scheint es, daß die kulturellen Voraussetzungen für dieses

Bekehrungswerk noch nicht gegeben waren. Mehrmals hören wir von Anschuldigungen, die von zu geringer Aktivität sprechen. Auch gibt es Nachrichten über einzelne Feldzüge, die gegen Selbständigkeitsbestrebungen gerichtet waren. 822 trifft eine letzte Gesandtschaft der Awaren in Aachen ein. Dann verschwindet dieses stolze Volk aus der Geschichte. Es hat seine Niederlage nicht überleben wollen.

Merkwürdigerweise hat Karl das Awarenreich nicht wie das Langobardenreich und die Siedlungsbezirke der Sachsen dem Frankenreich an- oder eingegliedert. Nur das kaum besiedelte Land zwischen Enns und Wienerwald wurde neuen Einwanderern zugewiesen. Karl der Große hielt es hier ähnlich wie mit den slawischen Grenzbezirken. Man kann sich dem Eindruck nicht entziehen, daß er an Völkern fremder Herkunft und Sprache wenig interessiert war. Sie sollten Christen werden, Verbündete, tributpflichtig, doch nicht Angehörige des Reiches. Gerade die Zähigkeit, mit der Karl im Gegensatz dazu die Eingliederung des Sachsenlandes betrieb, legt den Schluß nahe, daß sich in ihm im Laufe seines Kriegslebens klare Vorstellungen über die angestrebte Bevölkerungsstruktur seines Herrschaftsgebietes ausgebildet haben.

Auf der Ausstellung «Karl der Große» beeindruckten den Besucher
zwei große Karten, auf denen alle kirchlichen Bauten und alle Pfal-
zen verzeichnet waren, von denen wir bis zum Tode Kaiser Lothars
855 Nachricht haben. Die eine Karte führte die Bauten vom Ende
des Römerreiches bis zum Regierungsantritt Karls des Großen 768
auf, die zweite die Bauten, die unter Karl bis hin zu Lothar entstanden waren. Diese Statistik, die Albrecht Mann zusammengestellt
hat[15], ergibt, daß wir im ganzen von 1695 «Großbauten» wissen,
312 Kathedralen, 1254 Klöstern, 129 Königspfalzen, wovon 1154 aus
der Zeit vor Karl, 544 aus der Zeit seit seinem Regierungsantritt
stammen. Von allen diesen Bauten hat man nur 215 archäologisch
untersucht, nur von einem Bruchteil von diesen sind Reste erhalten.
Die Werke, die ganz oder doch in wesentlichen Teilen noch stehen,
lassen sich fast an den zehn Fingern aufzählen, und mit Ausnahme
der kleinen Marienkapelle auf dem Würzburger Schloßberg ist keines
darunter, das noch frühkarolingischer Zeit angehört. Aus dem 8. Jahrhundert mit Ausnahme des letzten Jahrzehnts besitzen wir so gut wie
nichts.

Vergegenwärtigt man sich aber die Grundrisse der ersten Stein-
kirchen nach Erlöschen der letzten spätantiken Traditionen, jene immerhin zahlreichen kleinen Bauten, die ergraben wurden, die ersten

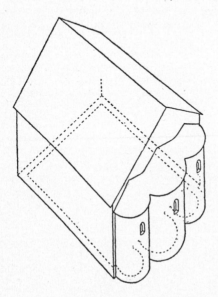

St. Peter in Mistail

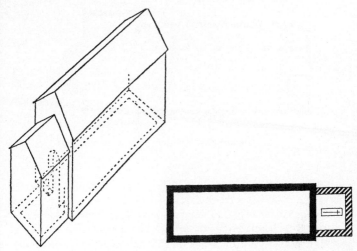

Grundform einer fränkischen Saalkirche (W. Boeckelmann)

Kirchen der neuen Gründungen Echternach, Fulda, Hersfeld, Lorsch, Sankt Emmeram, die Anfänge in Xanten, Nivelles, Paderborn, der Reichenau, so ist man betroffen von der geringen Größe wie der einfachen Form. Es sind kleine, schmale Rechtecktürme, meist mit noch schmäleren Altarräumen – man spricht von einer abgeschnürten Apsis –, andere mit runden Apsiden, wieder andere, namentlich im Schweizer Gebirgsland, mit drei Apsiden an einem breiteren Saal. So gibt es mancherlei. Doch das ist keine Architektur. Diese Menschen liebten nicht den düsteren, festen Steinbau. Wahrscheinlich waren es nur die Mönche, die Abgeschlossenheit gefordert haben, das Eingemauertsein mit dem Heiligen, das man in dunklen Stollen in den Gebeinen eines fernen Märtyrers oder Klostergründers verehrte. Wir sprechen von Stollenkrypten. Allein im Alpenland stehen noch einige dieser kleinen Kirchen, auch sie dem Ende, nicht dem Anfang des 8. Jahrhunderts und dem 9. Jahrhundert zugehörig. Doch wird in ihnen der stadtgewohnte Mensch, der sie nach beschwerlicher Wanderung erreicht, von dem Gefühl des Abgesondertseins und des Geborgenseins angerührt, das die Frankenreiter, die immer unterwegs waren, ebenso beeindruckt hat wie die Mönche, die ständig dort beteten.

Die erste echte Architektur ist dann tatsächlich erst Saint-Denis (754–775) gewesen, der erste steinerne Großbau des neuen Herrscherhauses, gleich bedeutsam durch das, was er aus Rom entnahm:

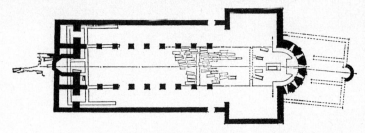

Grundriß der Klosterkirche von Saint-Denis (754–775)

die dreischiffige Basilika, das Querhaus mit anschließender Apsis, die Ringkrypta in ihr – wie durch das, was man aus Eigenem hinzufügte, den monumentalen Westbau. Dem ganzen Mittelalter war damit eine Aufgabe gestellt, die es immer wieder abgewandelt hat; die langgestreckte Basilika verband eine monumentale Zone im Osten für den Chor- und Altardienst mit einer zweiten im Westen, der verschiedenartige Aufgaben zugeordnet worden sind. Der Abteikirche von Saint-Denis schloß sich die Nazarius-Basilika in dem karolingischen Hauskloster Lorsch an (768–774), die ein Westwerk besessen hat und damit einen Raum, von dem aus der König dem Gottesdienst folgen konnte. Es folgte die Basilika St. Emmeram in Regensburg, die *jussu et permissu Caroli magni [auf Anordnung und mit Erlaubnis Karls des Großen]* unter Abt Sintpert (768–791) begonnen wurde und kein Querhaus, jedoch einen Dreiapsidenabschluß erhielt, endlich der erste Dom in Salzburg, der eine Säulenbasilika ohne Westbau und ohne Querhaus war. Am Ende dieser Reihe von Großbauten aus den ersten beiden Jahrzehnten der Regierungszeit Karls steht die Klosterkirche Saint-Maurice-d'Agaune im Wallis, die 787 begonnen wurde und als erste Kirche dank der Vereinigung von Grabkapelle und Märtyrerkirche im Westen wie auch im Osten eine Chorapsis erhielt. Es ist die erste Doppelchorkirche im Frankenreich. Die wichtigsten Motive der karolingischen Baukunst waren damit schon vor 780 aufgetreten: Westwerk und Säulenbasilika, Querhaus, Ringkrypta und Doppelchor. Nur ein monumentaler Zentralbau ist für die Frühzeit nicht nachgewiesen. Hier sollte erst Aachen das Neue mit dem Überlieferten verbinden.

Wie ein Denkmal der Gesamtsituation steht ein einziger Bau noch aufrecht: die Torhalle von Lorsch. Es ist der erste Steinbau, in dem der königliche Anspruch der neuen Dynastie kenntlich wird. Auch für die hochkarolingische Zeit hat sich nur ein Königsbau erhalten, die Pfalzkapelle Aachen, und für die Spätzeit das Westwerk von Corvey.

Es ist nicht glaubhaft, daß Lorsch, halb ein römisches Triumphtor, halb eine germanische Königshalle, schon 774 vollendet war, als Karl die Weihe der Klosterbasilika durch seine Anwesenheit zu einem Staatsakt erhob. Ich kann mich auch mit dem Gedanken nicht befreunden, daß dieser zarte Klassizismus erst nach 800, ja eigentlich erst unter Ludwig dem Deutschen, der sich in Lorsch begraben ließ, möglich gewesen sei. Dagegen möchte ich vorschlagen, seine Entstehung 790/91 anzunehmen, als Karl und sein Hof jenes Friedensjahr im benachbarten Worms verbrachten, von dem ich sprach. Es entstand eine Architektur, in der sich Byzantinisches, Römisches, Langobardisches und Fränkisches in einer Zeichnung verbinden, auf der das Auge verharrt. Aus diesen vier Geschichtselementen hat sich ein neuer, wundersamer Stoff gebildet.

In die Mitte eines Lebenswerkes, das aus den kühnen, raschen, harten Taten einer instinktsicheren Energie bestand, wurde diese sich zugleich nach vorn wie nach rückwärts wagende Geistigkeit des Torbaus hineingestellt, bei dem die Zaghaftigkeit des Vortrags die Bestimmtheit des Ausdrucks steigert. Man vergegenwärtige sich: das ist

Die Tor- und Königshalle in Lorsch. Erbaut um 790

Detail der Lorscher Torhalle

flächig wie ein byzantinisches Mosaik, und die roten und weißen Marmorplatten, welche die Fläche schmücken, haben nach Form und Anordnung in der Tat byzantinische Vorbilder. Man bemerkt: in diese Fläche sind die drei Tore hineingeschnitten; nicht Pfeiler oder Stützen, vielmehr Teile der Wand fassen sie ein. Denn auch die vier Halbsäulen und ihre Kapitelle sind der Wand wie Schmuckformen auferlegt, und die zehn Flachpilaster des Obergeschosses mit ihren Giebeln wirken wie Holzformen, wie der Schmuck eines Bauernhauses, und sind doch in allen Einzelheiten der Mittelmeer-Antike entnommen. Die Bauplastik, jene schönen, klassizistischen Kapitelle, die vielleicht italienische Werkleute geschaffen haben, und jenes schwellen-

62

de Gesims mit seinen weichen, organischen Formen, das wahrscheinlicher von fränkischen Steinmetzen ausgehauen wurde, ließen eher an ein noch späteres Datum denken. Auch sollte man den Gedanken nicht von der Hand weisen, daß viele dieser Formen in der Sprache der Symbole von alten Geheimnissen berichten, die wir freilich nie genau kennen werden, schon weil sie nicht in unserer Welt der Genauigkeit beheimatet sind.

Der linke Treppenturm führt in einen kleinen Saal empor, in dem man mehrere Schichten karolingischer Wandmalerei aus geringen Resten rekonstruieren konnte. Die älteste – eine gemalte Architekturgliederung – ist zugleich die vornehmste. Hier finden wir, durch spätantike Nachbildungen vermittelt, pompejanische Dekorationsschemata erneut wirksam. Die Baugestalt der Königshalle und des Tores, wie diese Wandbilder, können als die ältesten monumentalen Zeugnisse einer neuen Idealität gelten, die bewußt Antike nachahmt. Hier wird fortgesetzt, was in Saint-Denis begann und in Fulda zur unerhörten Größe ausgebildet werden sollte. Denn in denselben Jahren plante man dort am Rande der karolingischen Zivilisation, im Freien und Offenen eine Klosterbasilika, die nach Form und Größe der Peterskirche gleich werden sollte. Doch bestimmt in Lorsch gerade das Unbeholfene den Eindruck, jenes germanische Verlangen, Antike zu erlernen, obwohl sie nicht erlernbar war. Zum erstenmal ist ein Humanismus Stein geworden, der uns gleichzeitig aus dem Latein der Briefe Alkuins, der Gedichte des Paulus Diaconus, der *Libri Carolini* des Theodulf anspricht.

Reiterstatuette Karls des Großen.
Aus dem Metzer Domschatz, um 850–60. Paris, Musée du Louvre

PERSÖNLICHKEIT UND KULTURPROGRAMM

Erst nach der Kaiserkrönung zu Weihnachten 800 oder, wie jüngst dargelegt wurde, erst nach 804, hat Karl der Große Münzen mit seinem Bildnis nach dem Vorbild der Münzen Kaiser Konstantins prägen lassen. Sie zeigen den Monarchen im Gewand der Cäsaren mit Lorbeerkranz und dem Reitermantel, den eine Fibel zusammenhält. Aber sie zeigen zugleich seine individuellen Züge; vor allem die

Bildnismünzen Ludwigs des Frommen erweisen es, in denen die gleichen Prägstätten eine ganz andere Persönlichkeit wiedergeben. Den runden Schädel, das kurze Haarkäppchen, die große Nase, das starke Kinn, die kräftigen Lippen, auch den fränkischen Schnurrbart, der nach beiden Seiten herunterhing, haben Karl gekennzeichnet. Erst in der Legende wurde er zum Greis mit einem langen Bart. Die gleiche Persönlichkeit ist auf der kleinen Reiterstatuette des Louvre wiedergegeben. Auch wenn sie erst nach der Jahrhundertmitte in Metz gegossen wurde, so war doch Karl der Große und mit ihm ein karolingischer Idealkaiser gemeint. Denn einer größeren Individualisierung war das 9. Jahrhundert zu keinem Zeitpunkt fähig. Die Ruhe, die Gelassenheit und Kraft sprechen ebenso aus diesen Zügen wie das Bewußtsein einer gesicherten Macht.

Die Kaisermünzen tragen die Umschrift DN KAROLVS IMP AVG REX F ET L, also *Dominus Karolus Imperator Augustus Rex Francorum et Langobardorum [der Herr Kaiser Karl, der Erhabene, König der Franken und der Langobarden].* Auf ihren Rückseiten, die

Bildnismünze Ludwigs des Frommen.
Um 814

Bildnismünze Karls des Großen.
Um 804

oft eine Kirche andeuten, oft auch ein Stadttor und seltener ein Schiff, je nachdem ob sie in Aachen oder einer Bischofsstadt geprägt wurden, in einer der alten Römerstädte oder einem der Handelsplätze am Meer, findet sich die Umschrift XPICTIANA RELIGIO [*christlichen Glaubens*]. Und diese Umschrift enthält ein Kulturprogramm. Karl sprach damit nicht nur ein Bekenntnis aus; er wies auch darauf hin, daß er es für seine Aufgabe angesehen hat, diesen Glauben zu fördern.

Deutlichste Kennzeichnungen eigener Beurteilung seines Amtes und seiner Aufgabe enthalten die Titel, die er im Laufe seines Lebens führte und die sich mit den großen Epochen seines Aufstiegs gewandelt haben. Vieles weist darauf hin, daß er selbst großen Wert auf genaue Bezeichnungen gelegt hat. Der älteste Titel, zugleich das erste Amt, das er schon als Zwölfjähriger zusammen mit seinem Bruder Karlmann bei der Salbung durch den Papst 754 in Saint-Denis erhielt, war römisch. Man gab ihm wie seinem Bruder und Vater die Bezeichnung eines byzantinischen Exarchen von Ravenna oder Rom, *patricius romanorum*. Als er zum erstenmal zu Ostern 774 während der Belagerung von Pavia die Ewige Stadt betrat, wurde er nur mit den Ehren eines solchen empfangen, ja nicht einmal mit allen. Er durfte sich nicht als der Herr der Stadt fühlen, nicht wie die Statthalter der byzantinischen Kaiser auf dem Palatin die Nacht verbringen, sondern er mußte draußen vor der Mauer bei der fränkischen Petronilla-Kapelle von St. Peter Quartier nehmen. Erst nach der Eroberung von Pavia legte er sich den ganzen vollen Königstitel zu: *Carolus dei gratia rex Francorum et Langobardorum atque patricius Romanorum*. Schon Pippin hat sich als einen König von Gottes Gnaden bezeichnet und damit dem Herrscheramt einen Heilssinn und eine Heilsaufgabe zugewiesen. In der selbstbewußten Streitschrift von 791 gegen die bilderfreundlichen Beschlüsse des Konzils von Nizäa von 787, auf dem zwar die Ostkirche und der Papst, nicht aber die fränkischen Bischöfe vertreten waren, in den berühmten *Libri Carolini*, weist Karl wiederum durch den Titel sowohl auf sein Frankentum als auch auf die Größe seines Reiches hin. Er nennt sich *Rex Francorum Gallias, Germaniam, Italiamque regens*, also, wenn man es in moderne Begriffe übersetzen darf, *König der Franken, der Frankreich, Deutschland und Italien regiert*. Nach der Kaiserkrönung scheinen er und seine Berater geraume Zeit geschwankt zu haben, welcher Titel sowohl seiner Aufgabe als König und Führer des fränkischen Adels als auch dem neuen Amt angemessen sei. Erst ein halbes Jahr nach der Krönung ist die neue Bezeichnung auf einer Urkunde zu lesen, die am 29. Mai 801 in Bologna ausgestellt wurde. Sie hält sich in allen wesentlichen Teilen an byzantinische Vorbilder, und ihre Länge zeigt an, wieviel Karl zu berücksichtigen hatte. Karls Kaisertitel lautete: *Karolus serenissimus augustus a deo coronatus magnus pacificus imperator, Romanum gubernans imperium, qui et per misericordiam Dei rex Francorum et Langobardorum* [*Karl der Ehrwürdige und Erhabene von Gott gekrönte große und friedliebende Kaiser, der das römische Reich regiert und durch die Barmherzigkeit Gottes König der Franken und der Langobarden ist*]. Er hat also den fränkischen Königstitel nie aufgegeben. Auch hat er sich nie «römischer Kaiser» genannt, sondern bewußt *Kaiser, der das römische Reich regiert*. Mit dieser Bezeichnung hat er hervorgehoben, daß er zwar nicht zum Römer geworden sei, aber das römische Reich mit uneingeschränkter Macht regieren wolle. Es kam ihm auf den Rang an, noch mehr aber auf die Macht. Alkuin, damals schon im fernen Tours, hat das am besten verstanden. Er träumte von einem Gottesreich, dem *imperium christianum*, von dem er immer wieder in seinen Briefen spricht. Karl glaubte sich zwar von Gott gekrönt und durch Gottes Barmherzigkeit König. Damit wies er dem ganzen Mittelalter ein Regierungsprogramm zu. Alkuin aber, der dem König den «Gottesstaat» des Augustinus in die Hand gedrückt hatte, wollte mehr, Utopisches. Der greise Mönchsfürst gab sich der Hoffnung hin, daß Karl, ein neuer David, diesen Gottesstaat auch auf Erden verwirklichen könne.

Nach seiner Kaiserkrönung gab Karl den Urkunden eine Gold- oder Bleibulle bei, deren Umschrift zwar byzantinischen Vorbildern entlehnt war, doch wiederum ein Programm enthielt. Es kommt dabei weniger auf den Text der Vorderseite an: *D*(ominus) *N*(oster) *KAR*(olus) *IMP*(erator) *P*(ius) *F*(elix) *P*(ater) *P*(atriae) *AVG*(ustus) – als auf jenen der Rückseite: *RENOVATIO ROMAN*(i) *IMP*(erii) [*Erneuerung des römischen Reiches*]. Doch ist diese Umschrift nicht in erster Linie als Bezeichnung einer politischen Aufgabe zu deuten. Peter Classen hat in dem «Karlswerk» die Zusammenhänge hervorgehoben.[16] Sie hat zugleich einen moralischen Sinn. *Renovatio* [Erneuerung], das ist auch ein biblischer, ja theologischer Begriff. Er enthielt die Verpflichtung, das Reich, das in die Unordnung der Wirren gestürzt worden war, durch Ordnung wiederaufzurichten. Ordnung, auch Maß und Norm in allen Lebensbereichen, das ist überhaupt das Regierungsprogramm Karls des Großen gewesen. In diesem von dem benediktinischen Mönchtum beherrschten Staatsdenken mußte die Ordnung des Lebens der Ordnung des Reiches entsprechen. Das Weltbild des Karlshofes wurde durch die Ansicht bestimmt, daß unter den christlichen Kaisern Roms die Völker in guter Ordnung zusammen gelebt haben. Es war eine christliche Aufgabe, diese Ordnung wiederherzustellen. Bezeichnend bleibt, daß Ludwig der Fromme an die Stelle der Formel *renovatio Romani imperii* [*Erneuerung des römischen Reiches*] den Begriff *renovatio regni Francorum* gesetzt hat [*Erneuerung des Reiches der Franken*]. Es liegt dem nicht nur die schwächliche Rücksicht auf das Verlangen der Byzantiner zugrunde, den Namen Römer allein zu führen. Bedeutsamer scheint mir, daß Ludwig wiederherzustellen suchte, was sein Vater schon einmal erreicht hatte oder doch in wenigen glücklichen Stunden erreicht zu haben glaubte. Der Begriff der *renovatio* erweist ebenso wie der Glaube an ein Königtum von Gottes Gnaden und an die Kaiserkrönung durch Gott selbst, daß weder für das 8. noch für das 9. Jahrhundert das politische Programm vom Kulturprogramm und der theologischen Deutung des Königsamtes zu trennen war. Man mußte ein guter Christ sein, um zu siegen, ein guter Theologe, um zu regieren, ein guter Lateiner, um das Reich zu verwalten.

Karls riesenhafte Natur, die Widerstände wie ein breites Schiff die Wellen zur Seite schob, ja oft kaum bemerkte, hat sich allen Aufgaben in seiner eigenen Weise gestellt. Dieser Kriegsmann und Aristokrat, dessen Sache die Logik des Denkens, wie der meisten seiner Nachfolger, nicht war, der aber mehr als sie alle das Reich seinen instinktsicheren Entscheidungen anvertrauen konnte, ist nicht davor zurückgescheut, auch in kirchlichen, sogar rein theologischen Fragen das letzte Wort zu sprechen. Es wird nie genau auszumachen sein, inwieweit er Ansichten befreundeter oder langvertrauter Theologen, Lehrer, Höflinge kritiklos übernahm. Dazu kennen wir die Verhandlungsatmosphäre an seinem Hof und in seiner Gegenwart zu schlecht. Immerhin sind mehrere Fälle bezeugt, in denen er sich in Streitfragen zwischen seinen Anhängern überraschend für die eine Partei und gegen die andere geäußert hat, wie 801 zugunsten des Goten Theodulf gegen den Angelsachsen Alkuin. Es scheint der Fehler des alternden Monarchen gewesen zu sein, daß er so viele Vorgänge selbst bearbeiten wollte, daß viele von ihnen liegenbleiben mußten. Der Patriarch von Aachen ließ im Wechsel von Alterswohlwollen und Alterszorn die Zügel insofern schleifen, als er sich von der Durchführbarkeit seiner Erlasse nicht mehr überzeugt hat. Es gibt da ein utopisches Element in seinen Programmen, dem wir immer wieder begegnen werden. Wir sind in der glücklichen Lage, ein Exemplar der *Libri Carolini* im Vatikan zu besitzen, aus dem auf der Frankfurter Synode 794 dem König vorgelesen wurde, wobei es zu Zwischenrufen des Monarchen kam, die einer der Sekretäre an den Rand des Buches geschrieben hat. Es ist der hochfahrende Ton, der die meisten Kenner des Zeitalters davon überzeugt hat, daß nur Karl selbst diese Bemerkungen zuzutrauen sind. Bleibt es schon erstaunlich, daß die fränkische Kirche sich für befugt hielt, gegen den Papst und die Bischöfe der Ostkirche Stellung zu nehmen, so ist es noch bedeutsamer, daß wir die Temperamentsäußerungen kennen, mit denen der König selbst seine Ansichten vortrug.[17] Naturgemäß ging es bei diesen Entscheidungen nicht nur um theologische Fragen, sondern auch um die Behauptung eines politischen Anspruchs. Denn wie Regierungsprogramm und Kulturprogramm nicht zu trennen waren, so kann man Theologie, Kirchenpolitik vom Herrscheramt selbst nicht ablösen. Die Rechtgläubigkeit erst verbürgte den Herrscheranspruch.

Die ungeheuere Lebensleistung Karls ist von den frühen Regierungsjahren an in der Tatsache zu erkennen, daß er die vielen Ziele der äußeren Kriege und der inneren Verwaltung während seines Reiterdaseins immer im Auge behalten und sich dabei mit einem untrüglichen Instinkt für das jeweils Vordringliche entschieden hat. Kämpfend organisierte er neuen wie alten Besitz, gründete Bischofsstädte, begünstigte die durch ihre geographische Lage wichtig gewordenen Kultur- und Missionsklöster, zog bedeutende Männer aus aller Welt an seinen Hof, prüfte ihre Fähigkeiten und sandte sie als Grafen, Bischöfe, Äbte oder Generale auf entscheidende Posten wieder hinaus. Immer standen ihm die Schreiber seiner Hofkapelle, Erzkaplan und Kanzler zur Seite, die Urkunden und Erlasse ausfertigten. Auf jeder Etappenstation seiner weiten Reisen war er bereit, Recht zu sprechen. Diesem Monarchen stand außer den hochgebildeten Angehörigen des Hofes, die für zahlreiche Missionen verwendet wurden, ein ständiger Rat von nur sieben Männern zu Seite. Zwei von ihnen, Erzkaplan und Kanzler, waren Bischöfe oder Mönche, fünf waren Generale, die immer wieder auch Heeresabteilungen befehligen mußten. Diese sind der Pfalzgraf, der das Hofgericht und damit die Justiz leitete, und der Kämmerer, der Karls Schatz und damit die Finanzen zu verwalten hatte. Er unterstand unmittelbar auch der Königin. Die drei niedrigeren Hofämter nahmen der Seneschalk ein, der für die Speisen sorgte, der Mundschenk, der den Wein zu beschaffen hatte, und der Marschalk, der die Pferde betreute. Diese Ämter waren alle mehr auf die Bedürfnisse des Monarchen als auf das Reich hin orientiert; sie gehörten mehr zu einem großen Haushalt als zum Staat. Es sollten noch Jahrhunderte vergehen, ehe die Germanen hier einen Unterschied erkennen konnten. Nur während vier, zuweilen fünf Wintermonaten fanden sich die Großen um den König zum Hofdienst zusammen. Erst in Aachen sollte sich der Kreis der Grafen und Bischöfe, die längere Zeiträume am Hofe wohnten, ausweiten. Doch scheint es Karl offenbar nie an Menschen gefehlt zu haben, die gewillt und befähigt waren, die Königsaufgaben auch in entfernten Landesteilen zu übernehmen.

Durch diese weltweite Arbeitslast flicht sich ein ebenso reiches Privatleben. Karl hatte immer zahlreiche Mitglieder seines großen

Hauses um sich gehabt. Merkwürdig bleibt, daß er keine seiner vier Frauen aus dem fränkischen Adel gewählt hat. Von der unglücklichen Langobardenprinzessin hörten wir schon, daß er sie nach einem Jahr verstieß und später in Klosterhaft nahm. Während dieser Ehe scheint die Beziehung zu einer gewissen Himiltrud fortgeführt worden zu sein, die ihm als Neben- oder Friedelfrau jenen Sohn namens Pippin schenkte, der schön, aber bucklig war. Der Papst, der naturgemäß gegen die Langobardenverbindung eingestellt war, hat die Friedelehe als eine rechtmäßige bezeichnet. Die zweite Gattin, Hildegard, die Karl als Dreizehnjährige 771 heimführte, war Tochter des Alemannenherzogs Gottfried. Die Liebe zu ihr, die ihm neun Kinder gebar und 783, also mit 25 Jahren, starb, scheint die eigentliche Romanze in seinem Leben gewesen zu sein. Wir erfahren an keiner Stelle, daß sie politischen Einfluß genommen habe. Fastrada, Karls dritte Frau († 794), war Sächsin, Liutgard, die vierte und letzte († 800), erneut aus alemannischem Adel. Auch Ludwigs des Frommen Amme war eine sächsische Sklavin, seine erste Frau, Ermengard, stammte von der Mosel, die zweite, Judith, aus dem schwäbischen Welfenhaus. Die Umwelt an Karls wie an Ludwigs Hof war also betont germanisch. Die Angehörigen der verschiedenen Stämme müssen sich sprachlich mühelos verständigt haben. Je mehr ein klassisches Latein zur Staatssprache wurde, desto mehr wurde das «thiudisc», wie man seit dem Ausgang des 8. Jahrhunderts alle Mundarten der germanischen Stämme nannte, zur Sprache des Familienlebens. Doch ist im Gegensatz zu vielen Merowingerprinzessinnen keine der Frauen Karls politisch hervorgetreten. Dem *Capitulare de villis,* einem *Erlaß für die Verwaltung der Hofgüter,* entnehmen wir, daß den Königinnen große Aufgaben im Bereich der inneren Hofverwaltung zugeordnet waren. Sie herrschten in den Winterpfalzen, wenn immer der König abwesend war, und auch neben ihm hatten sie viele Entscheidungen selbst zu fällen. Ein eigentliches Zuhause konnte sich keine von ihnen bei diesem ständigen Reiseleben aufbauen. Sie mußten immer wieder packen und weiterziehen. Als einzige wird Fastrada einmal in den Reichsannalen beurteilt. Man erfährt, daß Pippin der Bucklige seinen Aufstand mit ihrer Grausamkeit begründet habe. Daß der achtundfünfzigjährige Kaiser dann nicht mehr geheiratet hat, vielmehr jenes Frauenhaus unterhielt, aus dem uns die Sächsin Gerswind, eine Madelgard, Regina und Adallind als Mütter von sieben weiteren Kindern bekannt geworden sind, mag mit seiner Auffassung von dem neuen Kaisertum in Zusammenhang stehen. Es gab in seinem Reich kein Geschlecht, das ihm der Teilhabe an solchen Würden wert erschien. Wenn Karl alle seine viel jüngeren Gattinnen überlebt hat, so hängt das auch mit der Belastung dieser Frauen in ihrem ununterbrochenen Reiseleben durch rasch sich wiederholende Geburten zusammen. Wir haben gehört, daß Hildegard Ludwig den Frommen am Fuße der Pyrenäen gebar. Eine ihrer Töchter ist 782 auf der Reise in Italien zur Welt gekommen. Auf Reisen sind auch die meisten von ihnen gestorben, Hildegard kurz nach Ostern in der Winterpfalz Diedenhofen, Fastrada in Frankfurt, Liutgard in Tours.

Mehr als über die Gattinnen wissen wir über die Kinder. Politisch hervorgetreten sind vor allem der älteste Karl als Heerführer (772 bis 811), der zweite Pippin als König von Italien (777–810) und Ludwig der Fromme, zunächst König von Aquitanien (778–840). Die beiden letzteren waren 781 vom Papst gesalbt worden und hatten als erste Frankenherrscher überhaupt, soweit wir sehen, eine Krone getragen.

Besondere Neigungen verbanden Karl mit seinen Töchtern. Nur für Rotrud hatte er einmal Verlobungsverhandlungen mit der byzantinischen Kaiserin Irene I. angebahnt, und es ist wahrscheinlich, daß sie zuletzt auch deshalb gescheitert sind, weil Karl sich nicht dazu entschließen konnte, Rotrud über das Meer ziehen zu lassen. Dem angelsächsischen König von Mercia Offa, der einem der Karlssöhne eine Tochter geben wollte, schlug er die Gegengabe für dessen Sohn rundweg ab. Er war zu keinerlei Verhandlungen bereit. Frankenprinzessinnen waren für niemanden zu haben. Wir besitzen mehrere Berichte darüber, daß sie sehr schön gewesen sind. Sie zeigten sich nach fränkischer Sitte gerne im reichsten Goldschmuck und saßen gut zu Pferde. Einhards berühmte Worte über sie enthalten sicher nicht die ganze Wahrheit. *Da sie ungemein schön waren und von ihm aufs zärtlichste geliebt wurden, so ist es erstaunlich, daß er keine von ihnen einem der Seinen oder einem Fremden zur Ehe geben wollte. Er behielt sie alle bis zu seinem Tode im Hause und sagte, daß er ohne ihre Gesellschaft nicht leben könne. Deshalb mußte er, der überall so glückvoll gewesen ist, die Tücke des Schicksals erfahren. Er aber ging über diese Dinge hinweg, als wäre nie der geringste Verdacht eines Fehltrittes entstanden oder ein Gerücht verbreitet gewesen.*[18] Wir wissen, daß Rotrud, die dem byzantinischen Kaiser verweigert worden war, von Rorich, Graf von Maine, einen Sohn Ludwig hatte, der später ein hochangesehener Abt in Saint-Denis geworden ist. Berta, seine dritte Tochter, hatte zwei Söhne von Angilbert, dem Laienabt von Saint-Riquier, der zu Karls engsten Freunden gehörte. Was hat sie veranlaßt, ihnen so kraftvolle Namen wie Hartnid und Nithard zu geben? Alkuin hat das Leben der Karlsmädchen in Aachen kritischer beurteilt. Er nannte sie Tauben und warnte seine Klosterschüler, die an den Hof zogen, vor den *coronatae columbae, quae volant per cameras palatii* [vor den *gekrönten Tauben, die durch die Stuben des Palastes flattern*][19]. Es gehört zu dem Bild des alternden Kaisers, daß

Modell nach dem Plan von St. Gallen, um 820

er die Töchter immer um sich haben wollte. Ihre Schönheit muß ihm wie ein Beweis der Sendung seines Hauses vorgekommen sein, für die es keine anderen Maßstäbe gab.

Karl wie vor ihm schon Pippin müssen auf ihren ununterbrochenen Reisen mit dem stets anwachsenden Haushalt und Troß durch das Erlebnis beunruhigt worden sein, daß in den verschiedenen Provinzen ihres Reiches verschiedene Münzen, Gewichte und Maße gebraucht wurden, daß man in den verschiedenen Bischofssitzen den Gottesdienst nach verschiedenartigen Riten feierte und selbst die heiligen Texte in verschiedenen Fassungen las, daß fast ein jedes Kloster nach anderen Regeln und anderen Gewohnheiten lebte. Die wache, fragende Natur Karls hat an diesen Unterschieden Anstoß genommen. Es ist bezeichnend für seinen geistigen Weitblick, daß er im kirchlichen und wirtschaftlichen Leben überall auf Vereinheitlichung drängte, während er vor dem Richter jedem der germanischen Stämme sein überliefertes Recht belassen wollte, wenn immer es nicht die staatliche Ordnung gestört oder gegen die Gesetze der christlichen Sittenlehre, so wie das Zeitalter sie sah, verstoßen hat. Er ließ neben den Frankenrechten das Langobardenrecht, das Bayernrecht, das Sachsenrecht und das Schwabenrecht bestehen. Alles, was germanisch war, durfte mannigfaltig bleiben, alles Lateinische aber wurde vereinheitlicht. So hat er im ganzen Reich neue und genauer genormte Münzen, Gewichte, Maße eingeführt. Auf Drängen der angelsächsischen Berater besorgte er sich aus Rom 785/86 einen verbindlichen Text für die Feier der Messe. Das sogenannte Sakramentar Hadrians I. ist uns noch in einer Abschrift in Cambrai erhalten, die bezeugt, daß ihr Text *ex authentico bibliothecae cubiculi [aus dem authentischen Buch der Bibliothek des Herrschergemachs]* stamme, wenngleich wir nicht wissen, ob damit noch die Bibliothek Hadrians oder schon die Bibliothek Karls gemeint ist. Durch dieses Werk wurde der karolingische Meßtext für das ganze Mittelalter zur Norm. Damit der fränkische Klerus nicht nur die Messe aus diesem überall gleichen Sakramentar zu lesen gezwungen sei, vielmehr zusammen mit ihr auch den gleichen gregorianischen Choral zu singen erlerne, befahl er, eine besondere Notenschrift einzuführen, jene Neumen, aus der sich die späteren mittelalterlichen wie die modernen Noten entwickelt haben. Aus der großen *admonitio generalis* an seinen Klerus vom März 789 spricht die Sorge Karls des Großen um die Richtigkeit: *Psalmos, notas, cantus . . . bene emendate [Psalmen, Noten, Singstimme schreibet genau]*[20]. Aus Monte Cassino ließ Karl eine genau Abschrift der Regel des heiligen Benedikt kommen und ordnete an, daß nun alle Klostergemeinschaften in allen Teilen seines Reiches nach dieser einen, humanen Regel leben sollten. In St. Gallen hat sich eine Abschrift dieser «Aachener Regel» erhalten, die zwei Mönche des Klosters Reichenau im Auftrage ihres Abtes angefertigt haben, wie sie betonen, Wort für Wort, Buchstaben für Buchstaben. Paulus Diaconus erhielt von Karl den Auftrag, eine Sammlung von Predigten aus Texten der Kirchenväter zusammenzustellen, ein Homiliar, nach dem sich von nun an alle Geistlichen bei der Auslegung der Evangelientexte zu richten hatten. Die Prachtevangeliare selbst, die in Aachen geschrieben wurden, beweisen, daß man am Hofe großen Wert auf einen sorgsam edierten Text gelegt hat, an dem man immer wieder Verbesserungen vornahm. Alkuin, Theodulf und andere waren gleichzeitig bestrebt, einen gereinigten Einheitstext der gesamten Bibel niederschreiben zu lassen. Wie sollte man die Heilige Schrift wirklich ernst nehmen, wenn sie an verschiedenen Orten in verschiedenen Fassungen und Übersetzungen verlesen wurde? Alkuin konnte seine Bibel Karl zur Krönung in Rom überreichen lassen. Wenngleich sich eine verbindliche «Reichsbibel» nicht durchsetzen ließ, so ist es doch bezeichnend für die karolingische Geisteshaltung, daß man über die Vielfalt der lateinischen Fassungen schon damals auf die alte *hebraica veritas* zurückgreifen wollte, auf den hebräischen Urtext. Aus dem gleichen Verlangen nach einer Norm ist zuletzt – wenn auch erst nach Karls Tod – der Idealplan eines Klosters entstanden, der sich in St. Gallen erhalten hat. Von diesem in sich autarken, durchaus nach der Regel des heiligen Benedikt rationalisierten Organismus wird noch zu sprechen sein.

Wenn irgendwo Karls geistige Persönlichkeit erfaßt werden kann,

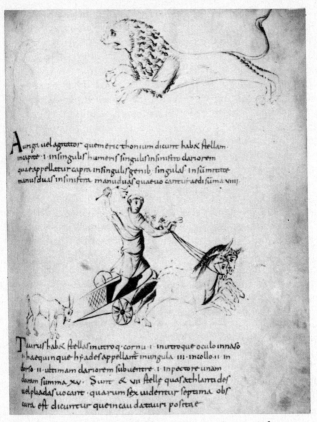

*Löwe und Fuhrmann. Sternbilder aus einem astronomisch-
komputistischen Lehrbuch. Um 830. Monza, Biblioteca Capitolare*

so eben in diesen Befehlen zur Norm. Er forderte von seinen Völkern
in ihrer Vielfalt die Einheitlichkeit, das Maß, die Klarheit. Aus dieser
Geisteshaltung ist es auch zu verstehen, wenn der alternde Monarch
den Befehl zur Niederschrift einer Grammatik seiner fränkischen
Muttersprache gegeben hat, den niemand an seinem Hofe hätte ausführen können. Selbst für die lateinischen Begriffe, die dazu notwendig gewesen wären, wußte man noch keine Übersetzung. Ebenso sollten auch die Gesetze der lebenden Sprache überschaubar gemacht werden. *Nach der Annahme des Kaisertitels, als er sah, wie viele Mängel
den Gesetzen seines Volkes anhafteten – die Franken haben nämlich
zwei Rechte, die in sehr vielen Stücken stark voneinander abwei-*

chen –, nahm er sich vor, Fehlendes zu ergänzen, Abweichendes in Übereinstimmung zu bringen und Verkehrtes und Unbrauchbares zu verbessern; indes er kam damit nicht weiter, als daß er etliche Zusätze, und auch diese nicht ganz fertig, zu den Volksrechten machte. Doch ließ er von allen Völkern unter seiner Herrschaft das noch nicht aufgeschriebene Recht zusammenstellen und schriftlich niederlegen. Ebenso ließ er die uralten deutschen Lieder, in denen die Taten und Kämpfe der alten Könige besungen wurden, aufschreiben und der Nachwelt überliefern. Auch eine Grammatik seiner Muttersprache ließ er in Angriff nehmen.[21] Seine eigene Zufriedenheit über ein gelungenes Werk spricht aus den Worten Einhards, in denen dieser berichtet, Karl habe nicht nur den zwölf Monaten, sondern auch den zwölf Winden deutsche Namen gegeben, während man früher für kaum vier besondere Benennungen hätte finden können. Man mag sich den Patriarchen gerne im Kreise seiner Töchter und Gelehrten vorstellen, wie er fremden Gästen nicht nur seine Schatzkammern vorführte, sondern auch an den Fingern der Hand die Unterschiede zwischen dem *ostroniwint*, dem *ostsundroni* oder dem *sundostroni* darlegte.

Doch diese Sorge um Worte, Texte, Riten spiegelt nicht nur das Verlangen nach Einheit und Norm, hinter ihnen steht die Frage nach den übergeordneten Gesetzen, die den Weltenbau zusammenhalten, nach Zahl und Maß – nach der Wahrheit selbst. Karl hat sich immer für Astronomie interessiert, wie es einem Mann zustand, der sich oft auf seinen Ritten nur nach den Sternen orientieren konnte. Die Folge dieser Bemühungen sind die astronomisch-komputistischen Lehrbücher, deren reichstes gegen 810 als Ergebnis der Untersuchungen Karls für eine Kalenderreform entstanden ist. Es blieb uns in mehreren Kopien erhalten, unter denen die beste Karls Sohn Drogo anfertigen ließ. Noch weiter als sein astronomisches Interesse führte sein theologisches. Wir hörten, wie leidenschaftlich er in den Fragen des Bilderstreites für eine strengere Observanz eingetreten ist, welche die Christus- oder Heiligen-Ikonen verurteilt hat. Während rings im Lande Verwaltungsaufgaben von nicht zu bewältigender Vielfalt anstanden, nahmen in den Reichstagen, die Karl abhalten ließ, theologische Dispute einen überraschend großen Zeitraum ein. Der Höhepunkt in Gesprächen war die Auseinandersetzung mit dem Adoptianismus, einer christologischen Irrlehre, die in der westgotischen Kirche Spaniens aufgekommen war. Es ist letztlich um die Einheit der Person Christi gegangen, die durch die Trennung seiner menschlichen Natur von seiner göttlichen bedroht war. Die Spanier haben die These verfochten, daß zwar die göttliche Natur der zweiten Person der Dreifaltigkeit vor allem Anfang von Gott dem Vater erzeugt worden sei, die menschliche aber nachträglich von ihm adoptiert wurde. Durch diese Adoption sei der Christus, der auf Erden gelebt habe, zum Sohne Gottes geworden. Wortführer dieser Lehre waren der Erzbischof Elipandus von Toledo (717–ca. 800), Primas von Spanien, der in ihr zugleich auch die Unabhängigkeit der spanischen Kirche verteidigte, und der Südfranzose Felix von Urgellis, ein kämpferischer Theologe; ihr Gegner war vor allem Alkuin, den keine andere Frage im Laufe seiner theologischen Lehrtätigkeit leidenschaftlicher beunruhigt hat. Sein lateinisch und englisch nüchterner Verstand konnte den Überlegungen der Spanier nicht folgen. Er hat über diese subtilste aller Fragen mehrere Bücher veröffentlicht. Karl fühlte sich befugt und befähigt, auch hier als Richter aufzutreten. Der esoterische Charakter dieser Lehre muß auch ihm fremd gewesen sein. Die menschliche Natur Christi war für beide zu keinem Zeitpunkt der Geschichte von der göttlichen zu trennen.

Dreimal hat sich Karl in langen Sitzungen mit diesen Unterscheidungen beschäftigt, in Regensburg 792, in Frankfurt 794 und in Aachen 802. Jedesmal wurde Felix von Urgellis verurteilt, und jedesmal wurde ihm auch jede Gelegenheit zur Verteidigung seiner Ansichten gegeben. Es ist uns versagt, an dieser Stelle die Fülle der Argumente auszubreiten, die über dieses Problem niedergeschrieben worden ist. Bedeutsamer ist, daß sie in jenem Jahrhundert die führenden Geister und den Hof immer wieder erregt hat. Man steht erstaunt vor der Tatsache, daß dieser Streitfall zwischen Sachsenkriegen und Awarenzügen, in den Winterpfalzen ebenso wie in den Klosterzellen, den Hof wie den Klerus mehr beunruhigt hat als jede andere. Derartige theologische Fragen stellten ein Politikum dar, hinter dem viele Probleme der Rechtsprechung oder Reichsverwaltung zurücktraten, ganz zu schweigen von den Leistungen der Kunst, die wir gern in den Vordergrund rücken. Genaue Bestimmungen über den Bezug, in dem die drei göttlichen Personen zueinander gestanden haben, die Bekämpfung jeder Irrlehre vor allem in diesem Punkte, hat Karl als eine seiner Herrscherpflichten angesehen. Auf seinen weiten Ritten muß man mit ihm wie über die Sterne auch stets von neuem über den Weltenbau gesprochen haben, der von den gleichen Gesetzen zusammengehalten wird wie die dreigestaltige Gottheit.

Mönche und Priester von hoher Bildung schlossen sich dem Hofzug an. In Italien hat Karl schon 774 den Grammatiklehrer Paulinus von Aquileja zum Hofdienst überredet. 780 stellten sich in Pavia Petrus von Pisa, der ihn gleichfalls in «Grammatik» unterrichtete, im März 781 in Parma der große Alkuin dem König vor. Im Jahr darauf wagte auch Paulus Diaconus, jener Benediktiner aus dem höchsten Langobardenadel, den die Not seines als Aufständischen gefangenen

Bruders drängte, zu Karl zu reisen. Gleichzeitig finden wir noch den Angelsachsen Beonrad-Samuel von Echternach, die gelehrten Iren Jonas und Raefgot, etwas später Dungal und Cadac am karolingischen Hof. Der Westgote Theodulf, neben Paulus Diaconus der beste Lateiner, ist vor 790 zu Karl gekommen. Diese erste Generation der Hofgelehrten wird in einer zweiten vor allem durch Franken vermehrt, unter denen der Mainfranke Einhard, der spätere Vorsteher der Hofbauhütte und Verfasser der Karls-Vita (seit etwa 794 in Aachen), und der vornehme und prachtliebende Angilbert die bedeutendsten sind. Merkwürdig ist: keinem dieser Gelehrten und Dichter · hat Karl Hindernisse in den Weg gelegt, als sie ihn wieder verlassen wollten. Die meisten von ihnen erhielten früh durch Karl wertvolle Klöster und Bischofssitze zugewiesen. Paulus Diaconus verließ schon nach knapp fünf Jahren 787 das Frankenreich. Im gleichen Jahr verlor Karl seinen Grammatiklehrer Paulinus dadurch, daß er ihm den erzbischöflichen Stuhl von Aquileja überließ. Angilbert bekam 790 die Abtei Centula, das alte Saint-Riquier bei Abbeville, als Geschenk für gute Dienste und ist dort später wie ein Heiliger verehrt worden. Alkuin erhielt 796 die Abtei Tours und damit ein Klosterreich überantwortet, das mehr als 20 000 Seelen umfaßt haben soll. Sie war das Wertvollste, was Karl überhaupt zu vergeben hatte. Theodulf wurde vor 797 Bischof von Orléans, zugleich Abt von Fleury, dem heutigen Saint-Benoît-sur-Loire. Man gewinnt den Eindruck, daß Karl die Hindernisse nicht überschaut hat, die große Entfernungen in verkehrsarmen Zeiten der wissenschaftlichen Zusammenarbeit in den Weg gestellt haben. Wie die Söhne, Grafen, Bischöfe, so sandte er leichten Herzens jeden, der sich am Hofe bewährt hatte, rasch wieder mit einer bedeutsamen Aufgabe in entfernte Provinzen. War er selbst noch nicht ganz seßhaft geworden, so hatte er auch kein Verständnis für die Notwendigkeit, die für alle geistige Arbeit die Kontinuität am gleichen Ort bedeutete. Sein Temperament und seine raschen Entschlüsse hielten den ganzen Hof ständig in Bewegung. Man beobachtete ein ununterbrochenes Kommen und Gehen in dieser karolingischen Karawanserei, die ihren endgültigen Lagerplatz erst spät gefunden hat.

Alkuin, der größte Briefschreiber des Jahrhunderts, suchte die Beziehungen durch Boten aufrechtzuhalten, die seine lateinischen Episteln überbrachten, die er auch als literarische Zeugnisse für so wichtig hielt, daß er von allen Abschriften machen und sie zu einem Band vereinen ließ. In diesen seinen Briefen gab er seinen Schülern wie vielen Mitgliedern der Hofgesellschaft gelehrte und biblische Namen und entrückte sie auch damit in die ferne Welt der Geschichte und der antiken Bildung. Wenn er Karl einen neuen David nannte, zuweilen auch den neuen Salomo, Moses, Konstantin, so hat das auch politische Gründe. Er wollte den Kaiser als einen christlichen Monarchen sehen. Ebenso versteht man, daß er seine Dichterfreunde mit den Namen der Großen des Altertums anredete, Angilbert als Homer, Medoin als Naso (= Ovid), sich selbst als Flaccus (= Horaz). Es lag nahe, für Einhard, der das Bauwesen des Aachener Hofes unter sich gebracht hatte, den Namen des Erbauers der Stiftshütte im Alten Testament, Bezaleel, bereitzuhalten. Ebenso gab er dem Erzkaplan Karls, Erzbischof Hildibold, den Namen des Hohen Priesters Aaron. Adalhard von Corbie hieß Antonius, seine Schwester Gundrada Eulalia, Paulinus von Aquileja Thimoteus, Richbod von Trier Macharius. Damit, daß der betagte Abt sowohl der Schwester als auch den Töchtern Karls lateinische Namen gegeben hat, bekundete er zugleich ein freundschaftliches Verhältnis, Gleichstellung und Distanz. Gisla hieß Lucia, Rotrud Columba, eine andere Delia. Aber was soll man dazu sagen, wenn in Sachsenkriegen ergraute Haudegen wie der Kämmerer Meginfried, der Mundschenk Eberhard, der Truchseß Audulf mit Thyrsis, Nemias oder Menaclos angeredet werden? Konnte er annehmen, daß sie, daß überhaupt jemand außerhalb der Klassen seiner höheren Schule, auf der man Vergil auswendig lernte, wußte, wer das war? Hier wird der Klassizismus zur Maskerade, ein Bildungsstreben zum unverbindlichen Spiel. Man verliert den Sinn für das Angemessene, Zeitmögliche. Jenes utopische Element, dem wir schon oft begegnet sind, drängt erneut in den Vordergrund. Die guten Lateiner entfernten sich im Anblick der Klassiker der Vergangenheit von den Realitäten der eigenen Zeit. Auch Karls neues Kaisertum besitzt eine utopische Seite. Allein die Kunst seines Hofes vermochte sich in der Zone der Idealität zu behaupten.

Nahe benachbart diesem Utopischen sind auch Karls Schulerlasse gewesen. Soweit wir sehen, ist es in der gesamten Weltgeschichte ein einzigartiger Vorgang, daß ein erfolgreicher Kriegsherr seinem Volk Bildung befiehlt. Schon rein äußerlich konnten diese Befehle allein den Klerus erreichen und bezogen sich auch nur auf Klöster, Bischofssitze, Pfarrherren. Es gibt eine ganze Folge von Erlassen, die sich mit der Bildung des Klerus, seinen Schulen, seinen Prüfungen beschäftigt haben. Die *Admonitio generalis* von 789 gehört ebenso zu ihnen wie die *Epistola de litteris colendis* vom Ausgang des 8. Jahrhunderts und das *Capitulare de examinandis ecclesiasticis* von 802. Schon die Überschriften kennzeichnen, worum es bei diesen Vorschriften ging: *Allgemeine Ermahnung, Brief zur Pflege der Bildung, Erlaß über die Prüfung des Klerus.* Karl hatte den Bischöfen befohlen, in ihren Städten richtige Schulen einzurichten. Auch die Aachener Palastschule hat sowohl Knaben und Mädchen als auch Erwachsene unterrichtet, wobei neben Grammatik und Rhetorik, also Latein und Stillehre, Musik, Sternkunde und Algebra zu den Schulfächern zählten. Karls Söhne und Töchter haben mit Sicherheit eine ganz andere Ausbildung als ihr Vater erfahren. Sie konnten Latein und zum Teil auch Griechisch lesen und schreiben. Sie verstanden ebenso gut die fränkische Muttersprache wie romanische Dialekte Italiens und Südfrankreichs. Doch wissen wir nicht, wie viele der rund 400 Grafen, denen im Frankenreich nördlich der Alpen die Verwaltung in den einzelnen Bezirken oblag, Karls Erlasse auch nur lesen, ihr Latein auch nur verstehen konnten. Die berühmten Kapitularien, mit denen die Karolinger nach nur wenigen Vorgängern unter den Merowingern ihre Gesetze verbreiteten, galten immer nur als Ersatz für die Befehle, die der König mündlich verkündet hatte und die erst durch diese Verkündigung rechtswirksam wurden. Das alte Brauchtum und Recht wollte Karl durch das Gradnetz der lateinischen Verordnungen überschaubar machen. Doch sein Unterfangen mußte schon an der Tatsache scheitern, daß oft nicht einmal der Klerus diese Erlasse entziffern konnte und verstand.

Zu den Merkwürdigkeiten in Karls utopischen Erlassen gehört, daß er einem Volk, das weder schreiben noch lesen kann, durch lateinische Gesetze auch die geringsten Kleinigkeiten vorschreiben wollte. So hat er in seinem *Capitulare de Villis* befohlen, in jedem Hofgut das gleiche Apothekergärtchen anzupflanzen. Auf der Ausstellung «Karl der Große» in Aachen wurde ein solcher Garten rekonstruiert. Er enthielt:

DEUTSCHER NAME:	CAPITULARE DE VILLIS:	BOTANISCHER NAME:
Beifuß	Artemisia Abrotamum	Artemisia abrotamum
Springwurz	Euphorbia Lathyris	Euphorbia Lathyris
Liebstöckel	Levisticum officinale	Levisticum officinale
Hauswurz	Sempervivum tectorum	Sempervivum tectorum
Schwertlilie	Iris germanica	Iris germanica
Haselwurz	Asarum Europaeum	Asarum europaeum
Möhre	Daucus carota (?)	Daucus carota
Salbei	Salvia officinalis	Salvia officinalis
Rosmarin	Rosmarinus officinalis	Rosmarinus officinalis
Kümmel	Carumcarvi	Carum carvi
Wegwarte	Chichorium intybus	Chichorium intybus
Gartenminze	Mentha crispa	Mentha crispa
Pastinak	Pastinaca sativa	Pastinaca sativa
Flöhkraut (Poleiminze)	Mentha pulegium	Mentha pulegium
Hundertblättrige Rose	Rosa centifolia	Rosa centifolia
Haselnuß	Corylus avellana	Corylus avellana

DIE KAISERKRÖNUNG

Wir nähern uns dem großen Datum in Karls Leben, einem der entscheidenden zugleich in der Geschichte Europas: Karls Kaiserkrönung am 25. Dezember 800.

Die wichtigsten Gesprächspartner Karls während seines ganzen Lebens sind die Päpste gewesen. Die Achse der karolingischen Politik überhaupt, um die sich alles andere drehte, war das Verhältnis zum Heiligen Stuhl. Für Karl begann dieses Gespräch schon mit seinem ersten politischen Auftrag, von dem wir wissen, jener Mission des Zwölfjährigen nach Saint-Maurice, um Papst Stephan II. abzuholen. Der Staatsakt in Saint-Denis, in dem sein Vater gesalbt, er selbst *patricius Romanorum* wurde, muß sich ihm unvergeßlich eingeprägt haben. In ein persönliches Verhältnis ist er dann erst zu Hadrian I. (772–795) getreten, dem Papst, der länger als jeder andere seit den Tagen des heiligen Petrus regiert hat. Dieser Römer ist auch Karl gegenüber die größere diplomatische, vielleicht sogar politische Begabung gewesen. In seinen Verhandlungen mit den Franken, den Langobarden, den Herzögen von Benevent und Byzanz hat er die Macht, das Ansehen und die Unabhängigkeit des Papsttums stetig gesteigert. Nach dem Tode des Bruders Karls des Großen, Karlmann, hat er die Salbung und Weihe von dessen Söhnen, die ihm der König Desiderius nahegelegt hatte, hinausgezögert, bis sie durch die Eroberung des Langobardenreiches gegenstandslos wurde. Karl selbst mußte sich auf seinem ersten Besuch zu Ostern 774 äußerst bescheiden zurückhalten, um die Verhandlungen nicht zu stören. Wohlwollend väterlich hat dann der Papst 781 seine beiden Söhne nicht nur gekrönt, vielmehr auch mit der Taufe ihre Patenschaft übernommen. Diese familiäre Freundschaft hat es ihm ermöglicht, in späteren Verhandlungen mit Byzanz sich von jeder fränkischen Bevormundung frei zu halten. Wenn Karl auch durchaus sich nicht immer seinen Wünschen gefügt hat und lange versprochene Rom-Reisen stets von neuem hinauszögerte – er hat den Papst dann nur noch ein drittes Mal 786 gesehen –, so mußte er sich doch zu weit größeren Zugeständnissen für den Kirchenstaat bereit finden, als sie später zu verwirklichen waren. Es gibt hier ein Gegeneinander von Verwaltungspraxis und Vertrag, der Taten zu den Urkunden, das für das Verhältnis von Aachen zu Rom kennzeichnend ist. Die Wirklichkeit sah anders aus, als Urkunden sie erkennen lassen, die uns allein überliefert sind. Das Papsttum hat sich zu allen Zeiten gern an Geschriebenes gehalten, und sei es an ein Gefälschtes, wie jene Konstantinische Schenkung, die auch zur karolingischen Kultur gehört, während Karl zwar gern sein berühmtes Signum vollzog, jedoch im Angesicht der Gegebenheiten robust von dem so heilig Verbrieften kaum Kenntnis genommen hat.

Im Gegensatz zu der noblen Gestalt Hadrians war sein Nachfolger Leo III. eine schwache Natur aus kleinem Hause. Auch er hat über zwanzig Jahre regiert (795–816). Er war zwar Römer, doch mußte er sich aus niedrigen Stellen im päpstlichen Vestiarium, der Kammer der liturgischen Gewänder, bis zum Erzbischof empordienen. Der Widerstand des römischen Adels hat bewirkt, daß er zu allen Zeiten ein Abhängiger von Karl blieb. Es kennzeichnet den Adelskult des Zeitalters, daß man ihn, eben weil er von geringer Herkunft war, der furchtbarsten sittlichen Verfehlungen beschuldigte, im Winter 799 zu blenden suchte und zur Flucht nach Aachen zwang. Fast hat man den Eindruck, Karl sei ihm im Juni 799 bis nach Paderborn ausgewichen, um ihn im Juli zu der beschwerlichen Weiterreise zu zwingen. Seinen Charakter kennzeichnet es, daß er am Hofe Karls offenbar die Legende verbreitet hat, er sei durch ein Wunder sowohl von der Blendung geheilt als auch seiner Zunge wieder habhaft geworden, die man ihm – sicher nicht ganz grundlos – abschneiden wollte. Ob schon in Paderborn von dem neuen Kaisertum gesprochen worden ist, läßt sich nicht mehr sicher ermitteln. Die Stellung Karls dem Papst gegenüber war zu keinem Zeitpunkt eine größere gewesen. War er auch nicht Richter über den Papst, so fiel ihm doch die Rolle des Schiedsrichters zwischen ihm und seinen Anklägern zu. *Seinem Richterspruch allein ist jetzt alles vorbehalten*, schrieb Alkuin von Tours. Nicht alle Großen und Bischöfe im Reich hielten die Anschuldigungen für übertrieben. Wie unabhängig Karl sich fühlte, war schon im Jahre zuvor dadurch hervorgetreten, daß er Arn zum Erzbischof von Salzburg erheben ließ und Leo III. die vollzogene Tat zur Kenntnisnahme mitteilte. Jetzt ließ er den gleichen Arn zusammen mit dem Erzkaplan Hildibold, fünf Bischöfen und drei Grafen den Papst nach Rom zurückgeleiten, damit diese in Rom seinen Fall untersuchen sollten.

Die Vorprüfungen fanden in dem Repräsentationssaal der päpstlichen Hofhaltung, dem Triklinium des Laterans, statt. Es ist wahrscheinlich, daß Leo III. in eben diesem Winter 799 auf 800 die Gelegenheit wahrgenommen hat, um in diesem großen Raum durch Mosaikkünstler sein Verhältnis zu Karl augenfällig zu demonstrieren. Innerhalb der Forschung besteht Einigkeit darüber, daß kein anderer Zeitpunkt für die Entstehung dieser Bilder besser dem Darstellungsprogramm entspricht als das Jahr zwischen der Rückkehr des Papstes im September 799 und der Krönung Karls zu Weihnachten 800. Etwa gleichzeitig muß auch ein zweites Mosaik mit dem Bild des Frankenkönigs in Santa Susanna entstanden sein, der Hauskirche des neuen Papstes, an der er Kardinalpriester gewesen war.

In auro vermiculato mules Musaico, s. Susanna in vicinali inter duas domus

Papst Leo III. und Karl der Große. Kopie des Ciacconio nach dem zerstörten Mosaik von Santa Susanna, Rom

In der Apsis des Trikliniums wurde damals ein Mosaik mit Christus geschaffen, der die zwölf Apostel in alle Welt aussendet. Links auf der Breitwand sah man den thronenden Christus, der den knienden Häuptern der Welt, Petrus und Kaiser Konstantin, die Abzeichen ihrer Würde verleiht, das Pallium und das Labarum. In gleicher Weise waren auf der rechten Seite neben der Apsis Petrus auf seiner Kathedra wiedergegeben, und ihm zur Seite erneut kniend Papst Leo und König Karl, welche die Abzeichen ihrer Würde empfangen, das Pallium und die Siegesfahne. Von diesen Mosaiken haben sich nur Kopien und Nachzeichnungen des späten 16. Jahrhunderts erhalten. Doch sind uns Programm wie Inschriften zuverlässig überliefert. Leo wollte zeigen, daß, wenn Petrus durch Christus die Macht, zu lösen und zu binden, erhalten habe, ihm selbst durch Petrus die geist-

Der hl. Petrus reicht Papst Leo III. das Pallium und Karl dem Großen die Fahne der Stadt Rom. Kopie nach einem zerstörten Original (um 800) im Lateran

liche Gewalt übertragen worden sei und daß Karl zwar nicht das Herrscheramt, wohl aber seine Siege Petrus verdanke. Karl selbst hatte drei Jahre früher in einem berühmten Brief, mit dem er dem neuen Papst auf die Ankündigung seiner Wahl geantwortet hatte, das Verhältnis von Papsttum und Herrscheramt anders und deutlicher definiert. Der Papst sollte durch seine Gebete die Gnade Gottes herabflehen, der König aber auf Erden nicht nur dafür sorgen, daß die römische Kirche und das Christenvolk vor allen Un- und Andersgläubigen jeden Schutz erfahre, sondern daß auch der katholische Glaube und die christlichen Sitten innerhalb seines Reiches gefestigt würden. Der Papst sollte nach dieser Auffassung wie ein Mönch ausschließlich beten, der Kaiser aber alle anderen Aufgaben, auch die Erziehung zum Christentum, übernehmen. Es waren vor allem jene

»und der Förderer aller Wohltäter in dieser Welt«, so nannte Thomas Carlyle den Mann, von dem hier die Rede sein wird. Er wurde um die Zeit geboren wie Thomas Becket, der Erzbischof von Canterbury. Sein Vater war Herzog, seine Mutter die Tochter eines Herzogs – beste Familie also. Der Vater starb, als der Sohn Mitte Zwanzig war. Wenig später begleitete er einen Onkel auf einer ausgedehnten Orientreise; er machte dabei einen so guten Eindruck, daß der Oheim den Neffen statt des eigenen Sohns das Erbe antreten ließ.

Der erfolgreiche junge Mann war etwa 30 Jahre alt, als er sich von seiner Frau Adela scheiden ließ. Erneute Brautsuche in Konstantinopel war vergebens. Drei Jahre später heiratete er Beatrix, die Erbin eines Grafen. Von nun an war er mehr in Italien als zu Hause – von den Italienern hat er auch seinen Spitznamen, unter dem er bei uns jedem Schulkinde bekannt ist. Er kam freilich nicht als schlichter Tourist in den Süden, er hatte handfestere Gründe. Einer davon war Geld. Sein Onkel Otto von Freising hatte einst die oberitalienischen Städte die reichsten der Welt genannt – der Neffe berief einfach die Rechtsgelehrten von Bologna nach Roncaglia und ließ sich ein Gutachten über seine Rechte und Einkünfte erstellen; die reichen Städte mußten zahlen.

Auf seiner vierten Italienreise bescherte er seiner Frau Beatrix in Rom ein ziemlich seltenes Geschenk: die Königskrone von Italien. Das war so seine Art, Freunde und Familienmitglieder zu beehren. Als er schon in den Sechzigern war, wollte er noch einmal zu einer Orientreise aufbrechen. Im Mai verließ er Regensburg. Am 10. Juni des folgenden Jahres ertrank er in Kleinasien im Fluß Calycadnus; man weiß nicht, wollte er baden oder den Fluß überqueren. Sein Grab wurde bis heute nicht gefunden, was die wildesten Gerüchte auslöste. Von wem war die Rede?

(Alphabetische Lösung: 2–1–18–2–1–18–15–19–19–1)

Pfandbrief und Kommunalobligation

Meistgekaufte deutsche Wertpapiere - hoher
Zinsertrag - schon ab 100 DM bei allen Banken
und Sparkassen

Verbriefte Sicherheit

Erziehungspflichten, die Karl als die Aufgaben eines Kaisers erschienen sind. Um sie besser wahrnehmen zu können, drängte ihn sein Hof, statt des belanglosen Titels eines *patricius Romanorum* den Kaisernamen, das *nomen imperatoris*, anzunehmen. Sein Hof lebte zum mindesten seit den Awarensiegen unter dem Eindruck, daß dies tatsächlich nur mehr ein Name für die Macht sei, die der Frankenkönig besitze. Die Lorscher Annalen, die uns Jahr für Jahr zeitgenössische Berichte überliefern, konnten hervorheben, daß er die Hauptsitze des Kaiserreiches, also neben Rom auch Ravenna, Mailand, Trier und Arles, seit langem in seiner Gewalt habe.

Es war ein überaus anstrengendes Jahr, an dessen Ende Karl diese neue Würde und auch die neue Verpflichtung auf sich genommen hatte. Im März schon verließ er Aachen, um die flandrische Küste entlang an den Kanal zu ziehen, wo er Flotten gegen die Normannen zu bauen befahl, die nach den englischen Küsten nunmehr auch die französischen bedrohten. Zu Ostern war er bei der Weihe von Saint-Riquier in Centula anwesend, der großen Klosterkirche, die sein Hausgenosse und Schwiegersohn Angilbert mit allergrößtem Aufwand hatte erbauen lassen. Dann zog er weiter den Kanal aufwärts bis Rouen, überschritt die Seine, um Alkuin in Tours an der Loire zu besuchen, wo er sich einige Tage länger als vorgesehen aufhielt, weil dort seine letzte Gattin Liutgard erkrankte und starb. Das war am 4. Juni. Es muß dem König notwendig erschienen sein, vor seiner neuen Rom-Reise am fränkischen Nationalheiligtum, dem Grab des heiligen Martin, zu beten. Auf dem Rückweg nach Aachen berührte er zum einzigenmal in seiner Regierungszeit nachweislich Paris. In seiner neuen Pfalz kann er nur wenige Tage geblieben sein, denn schon Anfang August sehen wir ihn in Mainz einen Heereszug ordnen, der gegen das Herzogtum Benevent gerichtet ist. Spät im Jahr also erst vereinigte sich der hohe austrasische Adel mit dem Hofzug. Zehn Wochen etwa ließ Karl sich Zeit, um bis nach Ravenna zu reiten, denn viele Verwaltungsfragen mußten unterwegs entschieden werden, war es doch dreizehn Jahre her, seitdem er zum letztenmal diesen Teil seines Reiches betreten hatte. Er war inzwischen ein anderer Mann geworden, Italien wohl auch ein anderes Land mit einer neuen Jugend, und Pippin, der Siebenundzwanzigjährige, konnte ihm seine neue Mannschaft vorstellen, vielleicht auch neue Bauten. Während des siebentägigen Aufenthalts Anfang November in Ravenna fiel die Entscheidung, den Kriegszug zurückzustellen und nur kleinere Operationen seinem Sohn Pippin zu überlassen, da von Benevent

Karl der Große. Gemälde von Albrecht Dürer, 1512.
Germanisches National-Museum, Nürnberg

85

kein entscheidender Widerstand mehr zu erwarten war. Den König von Italien nahm er diesmal also nicht mit sich nach Rom. Am 24. November traf ihn der Papst, der ihm bis zum 12. Meilenstein entgegengeritten war, in Nomentum. Nur Kaisern war bisher eine solche Ehre widerfahren, und auch sie hatten sich mit sechs Meilen begnügt. Karl wurde als Kaiser in Rom empfangen, eingehend beschreiben es die Reichsannalen. Man hatte mehr als einen Monat Zeit, um die Feierlichkeiten der Krönung vorzubereiten.

Die Sache Leos III. selbst mußte vorher, am 1. Dezember, zu seinen Gunsten gegen alle Ankläger entschieden werden. Man hat sich darüber geeinigt, daß der feierliche Akt der Krönung nicht in der Stationskirche des Weihnachtsfestes, Santa Maria Maggiore, sondern in der Peterskirche stattfinden sollte, die den Franken immer als das Hauptheiligtum der Stadt erschienen war. Der Papst setzte dem König zuerst die Krone auf das Haupt. Dann folgte seine Bestätigung durch die Akklamation des Volkes. Man sang die fränkischen Königslaudes, die besonders für die Zeremonie einstudiert und erweitert werden mußten. Irisch-angelsächsische Litaneien vereinigten sich in ihnen mit lateinischen und griechischen Texten. Dreimal erklang in St. Peter die Strophe:

Exaudi Christe! Karolo piissimo Augusto a Deo coronato magno et pacifico imperatori vita et victoria!
[Erhöre uns Christus! Dem allerfrommsten Karl, dem Erlauchten, von Gott gekrönten, dem großen und friedbringenden Kaiser Leben und Sieg!]

Es kann gar kein Zweifel darüber herrschen, daß der gesamte Vorgang die volle Einwilligung Karls besessen hat. So wie uns die Zeitgenossen die Krönung beschreiben, so war sie geplant, so wurde sie auch durchgeführt. Wenn Einhard berichtet, Karl habe nur zweimal in seinem Leben auf Bitten des Papstes römische Tracht angelegt, einmal unter Hadrian und einmal unter Leo, so kann dieses zweite Mal nur der Weihnachtstag 800 gewesen sein.

Dennoch hat die Krönung selbst auch Unbehagen in Karls Empfindungen ausgelöst. Wenn man die zeitgenössischen Quellen über den Krönungsvorgang wörtlich nehmen darf, dann ebenso Einhards Sätze dreißig und mehr Jahre später über diese Beunruhigungen. Ich möchte annehmen, daß Karl schon in jenem ersten und einzigen römischen Winter, den er anschließend in der Ewigen Stadt blieb, mit Aufgaben belastet wurde, die für ihn wie für alle späteren deutschen Kaiser nicht lösbar waren. Wie sollte man eine Kirche, einen Adel, ein Volk beherrschen, die sich den Franken überlegen glaubten? Pest brach im Heer aus. Ein Erdbeben am 30. April behinderte die Rückreise.

[90]

«Der Schrecken aller Übel

86

Gesandte aus Jerusalem hatten Karl schon vor Ostern in Rom getroffen, andere vom Hofe Harun al-Raschids erreichten ihn später in Vercelli. Den 21. Juni, den Tag des Johannesfestes, verbrachte er noch in Ivrea, erst dann überschritt er die Alpen und kehrte nach Aachen zurück.

Jene Beunruhigungen aber hatten drei Gründe. Karl wollte einmal dem Papst nichts verdanken müssen; er wollte zum zweiten nicht gezwungen sein, sich mit dem byzantinischen Kaiser über einen Titel auseinanderzusetzen, der seiner Macht im Abendland nichts hinzugefügt hat, und er wollte endlich nicht anerkennen, daß sein neues Römertum mehr sei als das angestammte Frankentum. Zum fränkischen König war er geboren; das Königshandwerk hatte er gelernt, auch die merowingische Tradition war er bereit zu übernehmen. Er konnte Feldzüge organisieren; weite Landstrecken seinen Mitstreitern und den Großen des Hofes überlassen; er konnte Frieden stiften, Bischöfe und Äbte für ihre Kulturaufgaben reichlich ausstatten. Er konnte Gesetze und Verordnungen in alle Teile seines Reiches überbringen lassen. Wie wollte er ihre Durchführung sichern? Dieser Kultur fehlten die nachrichtentechnischen Mittel wie die Verkehrswege, um von einem Zentrum aus ein Riesenreich zu verwalten. Mit neuen Sorgen kehrte Karl nach Aachen zurück. Mit dem Namen «Imperator», das mußte er jetzt einsehen, war wenig gewonnen. In Aachen sehen wir den alternden Monarchen damit beschäftigt, sich seine neuen Kaiserpflichten zu vergegenwärtigen.

Das Bild eines Hofes auf Reisen wird erst in den letzten Jahren des 8. Jahrhunderts überschichtet von dem Bild des Monarchen in seiner Residenz. Karl der Große hat seit 794/95 die meisten Winter in Aachen verbracht. Er hat sich dort eine Monumentalpfalz erbaut, wie sie vor ihm kein Frankenherrscher besessen hatte und auch nach ihm keiner mehr vollenden sollte. Er wußte seinem Reich ein neues Zentrum zu geben und hat den Versuch gewagt, von ihm aus eine Zentralverwaltung aufzubauen. Der Versuch mußte bei den gegebenen Verkehrsverhältnissen und Nachrichtenmitteln scheitern, zumal die schlechte Agrarwirtschaft der Zeit nie einen bezahlten Beamtenapparat hätte tragen können. Geblieben ist das Kulturwerk: die Bauten, Teile ihrer Ausstattung, Bücher, Elfenbeine, Goldschmiedearbeiten, Werke der Geschichtsschreibung, der Dichtung, der Gesetzgebung, der Traum von einer *nova Roma*, ein neues Ideal.

794, das Jahr, in dem aus dem Frankenkönig zu Pferd der Monarch auf seinem Throne wurde, nicht das Jahr der Kaiserkrönung 800, brachte die Wende. Wenn man Karls Regierung in zwei Phasen unterteilen will, so kann die Zäsur nur dorthin gelegt werden. Freilich vollzog sich der Wechsel von einem wandernden Hof zu einem seßhaften nicht als ein grundsätzlicher und ebensowenig durch die Entscheidungen eines bestimmten Jahres. Er steht in einem Jahrzehnte umfassenden Prozeß. Wir wissen nicht, zu welchem Zeitpunkt sich dem König der Gedanke einer zentralen Monumentalpfalz aufdrängte, und nicht genau, in welchem Jahr der Umbau des pippinischen Landgutes zu einer Königsresidenz begonnen wurde. Auch die Wahl des Standortes scheint nicht von vornherein festgelegt gewesen zu sein. Drei Gründe haben die Entscheidung für Aachen herbeigeführt: die Siedlung lag im Kerngebiet des Landbesitzes der Karolingerfamilie; sie war umgeben von reichen Jagdrevieren; sie verfügte über die wärmsten Bäder Mitteleuropas, deren Vorzüge der zweiundfünfzigjährige Monarch, der seit Kindestagen in den Krieg gezogen war, nach Einhards Bericht hoch einschätzte. Ich möchte annehmen, daß der endgültige Entschluß zum Bau erst in diesem Winter 794/95 spontan gefaßt wurde und das Werk dann mit jener militärischen Eile und Kraft durchgeführt wurde, die Karls Organisationstalent ebenso beweist wie die Fähigkeit der Künstler, die er aus seinem ganzen Reich nach Aachen zusammenzog.

Fünfmal ist Karl in Italien gewesen und jedesmal als ein Verwandelter zurückgekehrt: 774, als er König Desiderius schlug, Pavia eroberte und das Langobardenreich nahm; 776, als er die letzten Widerstände dort brach; 780/81, als er durch Hadrian I. seine Söhne

Pippin und Ludwig zu Königen von Italien und Aquitanien salben ließ; 786/87, als in Ravenna und Benevent byzantinische Lebensformen sein Weltbild zu verändern begannen; endlich 800/01, als er in Rom die Kaiserkrone entgegennahm. Diese Reisen waren die Etappen im Aufstieg der fränkischen Kultur zur karolingischen. Sie griffen eine Entwicklung auf, die mit Pippins Reisen nach Italien und den Papstreisen in den Frankenstaat begonnen hatte. Sie vertieften schrittweise Wertschätzung und Verständnis der Mittelmeer-Antike. Sie wiesen Frankenaristokratie und Kirche den Weg zu jenem neuen, lateinischen Hofklassizismus, den wir kurz vor 800 in seine Blüte treten sahen. Die Pfalz Aachen selbst als Idee und Baugestalt stammt aus dem Süden.

Unter den Italien-Fahrten besitzen die beiden letzten – erneut waren es Winterreisen – besondere Bedeutung für die Geschichte der Ausweitung des politischen und des geistigen Horizonts des Frankenhofes. Die Ereignisse des Winters 800/01, in deren Mitte die Kaiserkrönung sich vollzog, habe ich schon erwähnt. Diese Reise erfolgte erst dreizehn Jahre nach der vorangegangenen, und später, als Kaiser, sollte Karl Italien nie mehr betreten. Wenn man bedenkt, daß beispielsweise Otto I. der Große von seinen zwölf letzten Regierungsjahren über neun im Süden verbrachte, dann wird man sich bewußt, um wieviel weniger wichtig dem Frankenkönig die Aufgaben dort gewesen sind. Schon 781 hatte Karls zweiter Sohn Pippin den Titel eines Königs von Italien angenommen. Wenngleich es ihm nie gelungen ist, einen echten Hof um sich zu sammeln und seine Residenz zu einem Kulturzentrum auszubauen, so hat er, unterstützt von mächtigen Mitgliedern des Karolingerhauses und Grafen aus dem Freundeskreis seines Vaters, die regionalen Angelegenheiten nahezu selbständig bewältigen dürfen. In jenem Winter 786/87 wurden für Karl die Macht und das Kulturgewicht des byzantinischen Imperiums zum Erlebnis, zugleich aber auch das gute Einverständnis mit dem Kaiserhause getrübt. Hatten die Gesandten der Kaiserin Irene auf der vorangegangenen Italien-Fahrt 781 die Verlobung des byzantinischen Thronfolgers mit Karls Tochter Rotrud bewirkt, so löste jetzt Karl diese Verlobung wieder auf. Der Gegensatz zwischen beiden Reichen trat in den Vordergrund, und mit ihm zugleich das Verlangen des Königs, sich im Wettbewerb mit Byzanz auf allen Gebieten als ebenbürtig, ja als der Stärkere hervorzutun. In zwei Bereichen Italiens übte Konstantinopel noch eine reale politische Macht aus, im Küstengebiet von Venedig, wo ein Herzog, der Doge, guten Kontakt mit dem Osten zu halten suchte, und im Süden, wo die Herzöge von Benevent immer wieder geschwankt haben, ob sie sich mehr dem Papst, den Franken oder den Griechen anschließen sollten. Mit Benevent kam Karl vor Capua 786 zu einem guten Vertrag. Doch mußte dort das hochfahrende Frankenkönigtum auch erkennen, wo nicht nur die natürlichen Grenzen seiner militärischen Macht lagen, vielmehr auch die Grenzen der Möglichkeiten des Monarchen selbst, sich als die erste Autorität der Christenheit zur Geltung zu bringen. Denn man besaß keine Stadt, die wie Konstantinopel neben dem Hof und seinen alterfahrenen Hofbeamten, Gelehrten, Dichtern, Kunsthandwerkern jeden Gewerbes hinter ihren Mauern auch einer breiten Schicht von Kaufleuten Sicherheit gewährte und die zum Teil von dem Handel lebte, zum Teil sogar auf ihn angewiesen war. Vor den Bauten Roms, jenen Riesenruinen im Schutz einer Riesenmauer, in den Kirchen Ravennas, in den Palästen des Theoderich und unter ihrem goldglänzenden Mosaikschmuck, auch beim Anblick der verfallenen Größe Mailands, das nach Rom und vor Ravenna ein halbes Jahrhundert hindurch das Weltreich beherrscht hatte, mögen Karl die Grenzen seiner Möglichkeiten bewußt geworden sein. Die Germanen liebten keine Städte. Auch die Bischofszentren des Frankenreiches waren lächerlich klein, und wenn es überhaupt Städte waren, so deshalb, weil noch ein Rest der gallischen oder römischen Bevölkerung in ihnen die Stürme der Völkerwanderungszeit hatte überdauern können. Dort in Rom, Ravenna, Mailand, die man ihm sicher alle als viel geringer im Vergleich mit Konstantinopel geschildert hat, mag Karl empfunden haben, daß ein Monarch, der nach der Weltherrschaft zu greifen sich gedrängt sieht, eine Stadt oder doch wenigstens eine monumentale Pfalz, ein Regierungszentrum besitzen müsse.

Karl, wie vor ihm Pippin oder Karl Martell, hat, soweit wir Bericht besitzen, bis dahin selbst nie monumental gebaut. Auf ihren Feldzügen sahen sich die Könige gezwungen, für die Erneuerung von Straßen zu sorgen, und der Festungsbau ist eines der Mittel zur Sicherung der eroberten Gebiete in Sachsen gewesen. Auch in den Winterpfalzen mögen sie Neubauten oder Verbesserungen angeregt haben. Die Regel war, daß nicht der König baute; vielmehr überall dort, wo er einen Besuch in Aussicht gestellt hatte, baute man – Bischof, Graf oder Abt – für den König. Er war immer Gast und Herr zugleich, größte Anstrengungen fordernd, zugleich sie verschwenderisch fördernd. Als man im Frühjahr 787, gemächlich wie immer, wenn nicht äußerste Kriegsnot drängte, nach Deutschland über die Alpen zurückritt, mag auch über Baupläne gesprochen worden sein. Karl war zu Weihnachten in Florenz, im Winter in Capua und Salerno, zu Ostern in Rom gewesen. Jetzt, es muß inzwischen Ende Mai oder Juni geworden sein, kam nach dem Bericht der Reichsannalen *dieser milde König nach Worms zu seiner Gemahlin, der Königin Fastrada, wo sie sich miteinander freuten und ergötzten und Gottes Erbarmen*

priesen – et ibi ad invicem gaudentes et laetificantes ac Dei miseri-
cordiam conlaudantes. Denn der genannte König versammelte einen
Reichstag in dieser Stadt und berichtete allen seinen Geistlichen und
den übrigen Großen, wie alles auf seinem Zuge vor sich ging. Wußte
man schon, w o man bauen wollte? Wußte man schon, w a s man
bauen wollte? Sicher wußte man noch nicht, w i e man so hohen An-
sprüchen mit eigenen Mitteln genügen könne. Denn die merowingische, die frühe fränkische Baukunst hielt weder Baumeister noch Bau-
erfahrungen, noch auch Vorbilder für eine Monumentalpfalz bereit.
Wir haben an anderer Stelle von den Ansätzen in Saint-Denis, Lorsch,
Regensburg oder Salzburg gesprochen.

Auch war zum Bauen noch nicht Zeit. Karl zog von Worms nach
Augsburg gegen Tassilo, der sich unterwarf, sein Zepter übergab,
doch wieder zurückerhielt. Den Winter 787/88 verbrachte er auf dem
Hofgut Ingelheim. Hier hat er neben der Tassilo-Frage wahrscheinlich auch Pläne für den Ausbau des Hofgutes zu einer Monumentalpfalz bedacht. Einhard nennt diese Pfalz neben Aachen und Nym-
wegen den dritten Großbau des Kaisers.

Im folgenden Winter 788/89 war Karl zum erstenmal nach zwanzig Jahren wieder in Aachen, wo ihn ähnliche Pläne beschäftigt haben
könnten. Aachen ist ein Erholungszentrum römischer Legionen gewesen, die dort im späten 1. und im frühen 2. Jahrhundert große
Badeanlagen ausgebaut hatten. Eine umfangreiche Siedlung mit
regelmäßigem Straßennetz entstand und sollte bis zum heutigen Tag
die Straßenführung der Stadt bestimmen. Der Name, wenngleich
erst spät bezeugt, legt nahe, daß schon die Kelten am gleichen Ort ein
Quellheiligtum besessen haben. Granus, nach dem der Name Aquis-
grani geprägt wurde, war ein keltischer Wassergott. Heilig blieb die
Quellstelle bis in die Tage der Franken, die eine erste Kapelle am
Ort der späteren erbaut haben, Pippins kleine Reliquienkirche, wie
man sie nennt, wenngleich es nicht sicher ist, daß erst Pippin jene
Kirche errichtet hat, in der er Weihnachten 765 zum erstenmal einen
Königsgottesdienst in Aachen abhielt.

Wahrscheinlich hat der dreiundzwanzigjährige Karl damals zusammen mit dem Vater jene Quellen kennengelernt, die wohl zu
keiner Zeit außer Gebrauch gekommen waren, obschon wir nicht
wissen, wie viele von den römischen Badeanlagen noch benutzbar gewesen sind. Man sollte der Tatsache, daß der Sechsundzwanzigjährige
768/69 den ersten Winter seiner Regierung dort verbrachte, nicht
allzuviel Gewicht beimessen. Selbst wenn die Urkunden jetzt als
Ort über dem Datum die Bezeichnung *Aquis palatio publico [zu*
Aachen im öffentlichen Palast] tragen, darf man daraus nicht den
Schluß ziehen, schon damals habe in Aachen ein Gebäude gestanden,

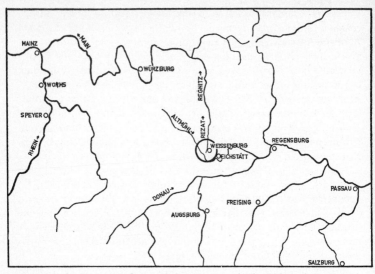

Die Lage der Fossa Carolina zwischen Rezat und Altmühl (nach H. H. Hofmann)

das wir einen Palast nennen würden. Es war ein Königshof, aus Holz und Fachwerk erbaut, eher kleiner als größer im Vergleich zu zahlreichen anderen. In zwanzig Jahren hat Karl es nachweislich nur zweimal auf der Durchreise besucht. Keine Winterhofhaltung, kein Reichstag, keine Herbstjagd wurde in dieser langen Zeit nach Aachen verlegt.

Doch auch 789 scheint die Entscheidung für Aachen noch nicht gefallen zu sein. Es ist möglich, daß damals der König den Befehl zur Ausarbeitung von Plänen, vielleicht zu einem Baubeginn gegeben hat, wie er im Jahr zuvor auch in Ingelheim solche Pläne entwickeln ließ. Erneut sollten fünf Jahre vergehen, bis er wieder nach Aachen zurückkehrte, und es waren verhältnismäßig ruhige Jahre, von denen er zwei in Worms, zwei weitere in Regensburg verbrachte.

In Worms hatte der Hof zum erstenmal eine gewisse Seßhaftigkeit erreicht. Dort konnte man sich in der ausgedehnten merowingischen Bischofspfalz einrichten, die, wohl noch römischen Ursprungs, seinerzeit auch den Burgundern für kurze Zeit zur Sammlung ihrer zerschlagenen Macht diente, ehe sie in die gesegneten Landschaften weiterzogen, denen sie ihren Namen geben durften. Nach rückwärts konnte sich der Wormser Hof auf Metz, die Bischofsstadt des Ahnherrn der Karolinger, Arnulf, absichern, eine Römerstadt, mit zahlreichen großen Kirchen, in der Chrodegang († 766), ein hoher Parteigänger der Karolinger und Freund Pippins, als zweiter Erzbischof nach Bonifatius im Frankenstaat regiert hatte. Dorthin muß sich Paulus Diaconus zurückgezogen haben, um für Karl eine Geschichte seines Hauses und der Metzer Bischöfe zu schreiben. Hier war auch die Residenz des zweiten Vorstehers der Hofkapelle, Angilram, dem Karl 784 nach dem Tode Fulrads von Saint-Denis dieses oberste geistliche Amt am Hofe verliehen hatte. In Metz mag die Hofkapelle sich während aller dieser Jahre bis zu Angilrams Tod 791 zu Hause gefühlt haben, wenn immer sie nicht mit dem König zog. Jetzt in Worms konnte sie sich zum erstenmal der Hoffnung auf dauernde Einrichtung hingeben. Archiv, Bibliothek, der Reliquienschatz hätten ebenso ausgebreitet und aufgestellt werden können wie die weit umfangreicheren Bestände der Kleider- und Waffenkammern des Königs. Auch der Brand des Bischofspalastes von 790 hat Karl nicht dazu bestimmt, die Stadt zu verlassen. Seine Gattin Fastrada wird hier zum erstenmal die Aufgaben wirklich haben wahrnehmen können, die einer Königin das *Capitulare de Villis,* die Geschäftsordnung für Landgüter, zuwies.

Von Worms aus zog der Hof 791 nach Regensburg. Dort sehen wir ihn im folgenden Jahr mit dem Bau einer Schiffsbrücke, einer Donauflotte und dem Main-Donau-Kanal beschäftigt, jener berühmten *Fossa Carolina,* die bei Weißenburg und Eichstätt die Rezat-Regnitz und die Altmühl an einer Stelle verbinden sollte, über die man bis dahin, wie im Altertum über die Landenge von Korinth, die Frachtkähne geschleift hatte. Neuere Untersuchungen haben erwiesen, daß der Plan technisch auch mit den Mitteln der Zeit durchführbar gewesen wäre, wenn nicht Versorgungsschwierigkeiten Karl dazu gezwungen hätten, die Arbeiterscharen und sein Heer abzuziehen. Man muß es sich immer wieder vergegenwärtigen, daß die Nahrungsmittel für jede größere Menschenmenge nicht auf den Transportwegen herbeigeschafft werden konnten. Die Landschaft mußte das Heer wie den Hof ernähren. Karl selbst stand in allen seinen Planungen unter diesem Gesetz: sobald die Vorräte eines Bischofssitzes, eines Klosters, eines Königsgutes oder einer Grafschaft aufgezehrt waren, mußte er weiterziehen. Als Standort für die Residenz hätte Regensburg nur dann als geeignet angesehen werden können, wenn eine Schiffsverbindung zum Main gesichert gewesen wäre. Doch scheint Karl auch während der Regensburger Jahre sein neues Kulturwerk geplant zu haben. Tassilos Herzogspfalz in den Bauten und zwischen Ruinen des großen Römerlagers an der Donau muß erneut dazu beigetragen haben, das Verlangen nach einem monumentalen Regierungssitz zu stärken. Die Kirche des Klosters St. Emmeram

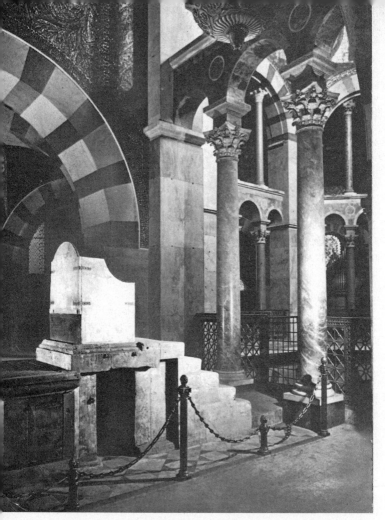

Der Thron Karls des Großen in seiner Pfalzkapelle Aachen. Um 798

vor den Mauern des Lagers, in welcher der Bischof zugleich als Abt
residierte, war eben im Bau, vielleicht schon vollendet und sicher eine
der größten, die bisher im Frankenstaat errichtet wurden. Ein neuer
Sachsenaufstand trug dazu bei, daß Karl den Bau des Kanals zurück-
stellte. Im Winter 793/94 sehen wir ihn in Würzburg; zu Ostern
beschäftigte den König in Frankfurt eine große Synode; im Sommer

ist er in Sachsen, nicht allzu spät im Herbst wird er nach Aachen gekommen sein. Man kann den Gedanken nicht abweisen, daß dort der Plan, vielleicht schon der Baubeginn der neuen Pfalz den König dazu bewogen hat, sich für sie als seine Hauptresidenz zu entscheiden. In Aachen muß ihm eine wahrhaft geniale Architektenpersönlichkeit gegenübergetreten sein – mag es nun jener Odo gewesen sein, den eine spätere Quelle nennt, oder ein anderer. Seine Leistung ist zuletzt das entscheidende Argument in der Frage nach dem Standort gewesen. Denn wie nur selten ein großes Bauwerk ohne einen großen Bauherrn entstehen kann, so noch viel seltener ohne den Einsatz eines wahrhaft großen Meisters, der nicht nur den Befehlen, vielmehr auch den unaussprechbaren Wünschen seines Herrn Gestalt gibt, ja der das Angemessene, die neue Idealität erst erfindet. Der Plan von Aachen nimmt die Kaiserkrönung voraus. Wir stehen vor einer Kaiserarchitektur, der ersten des Mittelalters, einem Bauwerk zwischen den Zeiten und zwischen den Völkern. Wie schon in Lorsch konnte die Forschung erneut byzantinische, lateinische, langobardische und fränkische Elemente hervorheben.

Ungeheure Selbstverleugnung hat der Baumeister sich auferlegen müssen, ehe er seinen Plan zur Ausführung freigab. Wie bei Thomas Mann Joseph die Deutung der Träume vor Pharao so formulierte, als habe der Ägypterkönig selbst sie gefunden, so kommen alle diese Beschränkungen der Geisteshaltung des Königs so weit entgegen und verleihen ihr derart Ausdruck, daß Alkuin 798 schreiben konnte, er habe die Pfalzkapelle nach eigenen Angaben erbauen lassen. Er berichtet in einem Brief von den Marmorsäulen *in opere pulcherrimo et mirabili ecclesiae, quam vestra dictavit sapientia* [*in dem überaus schönen und bewundernswerten Werk der Kirche, das Eure Weisheit bestimmte*]. Notker gab am Ausgang des 9. Jahrhunderts die allgemeine Meinung wieder, wenn er beteuert hat, daß Karl die Kirche *nach eigenen Plänen* (*propria dispositione*) ausführen ließ. Die schwere Kunst, das eigene Genie einem anderen leibeigen zu machen, hat dieser Baumeister vollkommen beherrscht. Man muß sich den Plan der Gesamtanlage im Raum der Römersiedlung und ihrer Straßen vergegenwärtigen, um sich die Leistung des Architekten anschaulich zu machen. Die Übereinstimmung seiner Gestaltungstendenzen mit dem Regierungsprogramm des Monarchen macht auch der Modellversuch Leo Hugots deutlich. Die Größe des Meisters wie die innere Konsequenz aller seiner Baumaßnahmen wird erst eine genaue Betrachtung der Pfalzkapelle selbst zum Erlebnis werden lassen. Er muß ein weitgereister Mann gewesen sein, der Rom, Ravenna, Mailand besucht hat. Stellt man sich ihn gleichaltrig mit seinem Herrn vor, so könnte er schon am Bau von Saint-Denis beteiligt gewesen sein, der

Modell der Aachener Pfalz von Westen (nach Leo Hugot)

Atrium und Westbau der Pfalzkapelle. Modell (nach Leo Hugot)

Modell des Kaiser-Palastes in Aachen (nach Leo Hugot)

775 geweiht wurde. Vielleicht stammt von ihm die Tor- und Königshalle von Lorsch. Wir werden an anderer Stelle von der Kirchen- und
Klosterarchitektur von Fulda und von Centula sprechen, die im gleichen Jahrzehnt gestaltet wurde und ebenfalls eine erstaunliche Leistung darstellt. Der König hätte mit Bestimmtheit ihre Architekten
an den Hof befohlen, wenn ihm nicht ein noch größerer zur Verfügung gestanden hätte. Sicher hat der Aachener Meister die Anstrengungen beider Klöster gekannt, und es ist nicht ausgeschlossen, daß
er in Centula beteiligt gewesen ist.

Der Plan zeigt die Römersiedlung als ein großes Geviert von
genau 1500 zu 1500 Fuß, das von Straßen begrenzt wird, die zum
Teil noch bestehen. Ein Straßenkreuz zerteilt es in Rechteckfelder, von
denen das südöstliche die Badeanlagen umschloß. Dort, im ansteigenden Gelände, der späteren Pfalz entgegen, muß auch das fränkische
Landhaus gestanden haben, nicht weit von Pippins Kapelle, deren
Altar für die Pfalzkapelle bis zum Anbau der Gotik ein unverrück-
bares Heiligtum geblieben ist, ein Fixpunkt auch für Karls Baumeister.

Doch eben diesen Altar ließ Karl um 38 Grad genau in die West-
Ost-Achse wenden. Karls Sinn für eine strenge liturgische Kirchen-
ordnung spricht aus dieser ersten Baumaßnahme. Sie hatte zur Folge,
daß alle Karolingerbauten nunmehr um 38 Grad aus den Achsen der
Römerstraßen und Bauten abweichen mußten. Die Pfalz stellt sich
rücksichtslos quer und schräg zwischen die Römerstraßen. Sie über-
lagert die römischen Schichten, drängt sie zur Seite, doch vermag sie

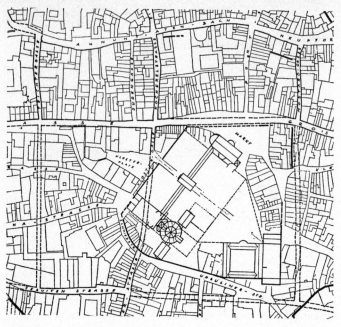

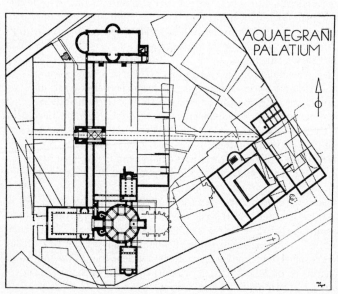

AQUAEGRANI
PALATIUM

die eigenen Achsen nicht außerhalb ihres Bereichs durchzusetzen, denn die römischen Achsen entsprachen besser den Gegebenheiten des Geländes.

Gleichzeitig mit der Wendung des Altars mußte das ganze Baugelände auf dem gewachsenen Boden abgesteckt und einem wohldurchdachten Zahlengefüge eingeordnet werden. Nur eine «gute» Zahl ergab in den Augen Vitruvs einen guten Bau. Wir wissen, daß der Mainfranke Einhard, der in Fulda erzogen wurde und bald nach 794 zum Vorsteher des königlichen Bauwesens aufstieg, Vitruv gekannt hat. Im Freundeskreis am Hofe trug der kleine, flinke Mann, den Alkuin einem Mäuschen verglich, den Namen Bezaleel, der der Baumeister und Goldschmied des Moses gewesen war und von dem man las: «... erfüllt hat Er ihn mit Gottesgeist, in Weisheit, in Geschick und in Kenntnis, in allerhand Arbeit, Planungen zu planen, sie zu machen in Gold, in Silber, in Erz ...» (Übersetzung von Martin Buber). Mit großer Umständlichkeit berichtet das Alte Testament im 2. Buch Mose von den Maßen aller Kunstdinge, die Gott selbst festgelegt hatte. Die führenden Kirchenmänner der Bildungsreform am Hofe um Alkuin hatten genaueste Kenntnis dieser Vorschriften. Sie sahen im Bau der Pfalzkapelle eine Tat, die von Gott befohlen war wie der Bau der Stiftshütte und des Tempels Salomonis. Zu den Bauformen aus dem Bereich der Mittelmeer-Antike tritt eine Baugesinnung, die aus den Texten der Bibel erwachsen war und einige ihrer Bauzahlen zu übernehmen suchte.

Ausgangspunkt bildete für den Baumeister ein Quadrat von 360 zu 360 Fuß, das ist «pes Druhianus» von 0,333 Meter, wie er seit den Römertagen am Niederrhein von den Landvermessern benutzt wurde. Außerhalb des Quadrats sollte im Norden die Königshalle, im Süden die Kapelle emporwachsen. Leo Hugot, dem wir diese Zahlen verdanken, hat erkannt, daß das Einheitsmaß, das allen Arbeiten zugrunde gelegt wurde, eine Latte von 12 Fuß Länge, also 3,996 Meter gewesen ist. Unterteilt wurde das große Quadrat durch 16 kleine Quadrate von 84 zu 84 Fuß oder siebenmal jene Latte, wobei noch Raum für eine Quer- und eine Längsstraße blieb, die zwei Latten oder 24 Fuß breit werden sollte. Die Verbindung zum Badebereich bildete ein Dreieck, dessen Schenkel 240 Fuß, also 20 Latten, maßen. Der gewölbte Steingang, der ebenerdig am Palast beginnt, infolge des Geländeabfalls aber doppelgeschossig in das Atrium der Kapelle ein-

mündet, teilt die Fläche in einen inneren und einen äußeren Palast-
bereich. Einhard hat einen Bericht über die Überführung der Gebeine
der Heiligen Petrus und Marcellinus von Rom über Aachen nach
Seligenstadt geschrieben, dem man entnehmen kann, daß er selbst im
äußeren Palasthof gewohnt hat. Eine Torhalle, die auch als Gerichts-
halle gedient haben soll, führte von dieser äußeren Pfalz in die innere. Ihr gegenüber, an der Ostseite des großen Innenhofs, angelehnt
an einen hölzernen Gang, über den der Kaiser seine Kirche betrat,
müssen die Wohnbauten des Hofes gewesen sein, von denen sich nur
geringe Spuren finden ließen, denn sie waren aus Holz oder Fachwerk, und das Gelände ist mehrmals überbaut worden. Wir wissen
aus der Geschichte Ludwigs des Frommen, die der «Astronomus»
geschrieben hat, daß dieser Gang unter der Last des Gefolges einmal
einstürzte und daß der Kaiser verletzt wurde. Unabhängig von den
Wohnbauten also erhob sich der große Riegel der steinernen Monumentalpfalz mit Palast, Torhalle, Verbindungsgang, Kirche und
Atrium. Auch die beiden eigentümlichen Annexbauten links und
rechts der Kirche, die wohl die Amtsräume der Hofkapelle gewesen
sind, gehören zu dieser ersten Königs-Architektur. Gemeinsam bilden
diese Steinbauwerke den Architekturornat des neuen Kaisertums. Mit
Sicherheit wurde das Gesamtgefüge einheitlich vor allen Baumaßnahmen geplant. Gewisse Änderungen im Verlauf des Baugesche-
hens beweisen, daß man sich schrittweise um ein genaueres Verständnis bemüht hat. Ein neuer Klassizismus bricht sich auf vielen Gebieten Bahn. Als letztes Monumentalbauwerk entstand die Königshalle
im Norden. Sie aber rechnet nicht mehr mit dem herkömmlichen dru-
hianischen Fußmaß, vielmehr mit dem etwas kleineren klassischen,
dem kapitolinischen Fuß von 0,296 Meter. Auch in den Maßen wollte
man sich jetzt streng «römisch» geben.

Von dieser Aula Regia haben sich rings die Grundmauern und
einiges aufgehendes Mauerwerk erhalten, so daß ihre Form genau
festliegt. Als Ganzes steht noch der sogenannte Granusturm im Südosten aufrecht, ein repräsentativer Bau, der wahrscheinlich dem Kaiser, wie jüngst vermutet wurde, als Wohnturm diente und sich von
den Niederungen der Bäder her über den Dächern der Wohngebäude
seines Gefolges überaus stattlich ausnahm. In seinem Mauerwerk hat
sich ein Gesimsstein vom Dachrand des Saales erhalten, der uns auch
über die Höhe des Gebäudes zuverlässig unterrichtet.

Es war eine einstöckige Halle, kleiner, doch ähnlich der Basilika in
Trier, 160 Fuß lang, 70 Fuß hoch, rund 60 Fuß breit. Ihr Äußeres
schmückten Arkaden über Lisenen. Drei Apsiden im Norden, Süden
und Westen bereicherten den Raum. Die westliche, die Barbarossa
erneuern ließ, hat einen Radius von 30 Fuß. In der Nordapsis mit

einem Durchmesser von 45 Fuß oder 13,35 Meter wird der Thron des Kaisers gestanden haben, dem breitgelagerten Raum zugewandt. Es war das größte Profanbauwerk, das seit den Tagen der Römer nördlich der Alpen errichtet wurde, und es vereinigte den Gedanken einer germanischen Königshalle mit dem Gedanken einer römischen Kaiserbasilika. Felix Kreusch hat beobachtet, daß der Gang zur Kirche, der noch streckenweise erhalten ist, unabhängig von dem Palast erbaut wurde und wahrscheinlich vor ihm vollendet war. Wir müssen uns mit dem Gedanken befreunden, daß Karl der Große nie in seiner Aula gewohnt hat, vielmehr in jenen Fachwerkbauten rechts neben ihr, in einer Umwelt also, die ihm von Jugend an vertraut gewesen ist. Die Aula selbst war ein reiner Repräsentativbau, ein Versammlungsraum.

Von der Torhalle wie von den Badeanlagen konnte zu wenig durch Grabungen gesichert werden, um einer Rekonstruktion Zuverlässigkeit zu verleihen. Nur daß es sie gegeben hat und wo es sie gegeben hat, ist belegt. Einigermaßen genau kennen wir Teile der Römerbäder. Sicher scheint, daß Karl sowohl ein geschlossenes als auch ein offenes Bad besessen hat, welches so groß war, daß dieser Patriarch, der wohl nie allein gewesen ist, es mit hundert Personen gleichzeitig benutzen konnte.

Als die Baumeister ihr Werk begannen, standen, der Römersiedlung eingeordnet, das Frankendorf, das Landgut Pippins und seine Kapelle sowie Badeanlagen, die zum mindesten den Zugang zu den heißen Quellen ermöglichten. Die Anlage hatte keinen monumentalen Charakter, doch war sie ausreichend mit Schlafplätzen ausgestattet, um jenen großen Reichstag von 788/89 aufzunehmen.

Es entsprach dem Denken der Zeit, daß man bei allen Neubauplänen zunächst die Kapelle ins Auge faßte, die die Zeitgenossen eine «basilica» nannten. Denn das offizielle Leben des Kaisers, sein Friedenswirken, vollzog sich vor allem im kirchlichen Raum. Jahr für Jahr verzeichneten die Reichsannalen, wo er das Weihnachts- und Osterfest begangen hatte, als wäre diese Tatsache wichtiger als jede Kriegshandlung, jeder Verwaltungsakt, und oft verzeichnen sie in einem Jahr nur diese Festorte. Schon die Wendung der Achsen der Gesamtpfalz aus liturgischen Gründen und des Hauptaltars wegen konnte uns darauf aufmerksam machen, daß hier der Ausgangspunkt aller Baumaßnahmen zu suchen ist.

Die Kapelle hatte drei Aufgaben: sie sollte dem König einen besonderen Thronsitz während des Festgottesdienstes zuweisen, den Geistlichen des Hofes, der Hofkapelle, eine reiche Ausgestaltung der liturgischen Feiern ermöglichen, und sie sollte den Reliquienschatz des Monarchen bergen, darunter auch Teile der «cappa», des Mantels

Das Oktogon der Pfalzkapelle Aachen

des heiligen Martin, die als nationales Heiligtum der Franken verehrt wurde, als Garant ihrer Siege. Nach der «cappa» trug die «cappella» ihren Namen. Man hat oft hervorgehoben, daß mit «cappella»
zuerst eine Sache bezeichnet worden ist, der Reliquienschatz; dann
die Menschen, die ihn betreuten, der Kreis der «cappellani»; erst spät
der Raum, in dem man den Schatz verwahrte und in dem die Kapläne
wirkten.

Den Aufgaben entsprechen drei Bauteile. Die Hofkapelle versammelte sich im Erdgeschoß des Achtecks; dem König und seinen Gro-

ßen war das festliche Obergeschoß vorbehalten; für den Reliquienschatz war der Turm jenes Westbaus bestimmt, der dem Thronraum
vorgelagert war.

Das Volk konnte vom Atrium aus dem Kaiser huldigen und durch
ein kleines Fenster des Obergeschosses, das noch erhalten ist, sich der
Heilsmacht der Reliquien erfreuen. Dort im Westen unter der Ein-
gangsnische mit der großen Bronzetür muß zu ebener Erde ein zweiter
Thron gestanden haben. Helmuth Beumann hat wahrscheinlich gemacht, daß unter diesem Thron die Franken das Grab des Kaisers so
gut verborgen hatten, daß selbst die Normannen es 881 nicht finden
konnten und auch Otto III. erst lange Nachforschungen anstellen
mußte, bis er es fand.[22] Bei der Gestaltung der Westfront der Kirche,
ihres Atriums, des Narthex der Fassade, wurden auch die einzigen
wesentlichen Änderungen während der Bauzeit nachgewiesen. Mit
großer Überlegung hat der Baumeister dieses vielgestaltige Raum-
programm einem klaren Zahlenschema eingeordnet. Die genauen
Messungen durch Felix Kreusch, eine überzeugende Rekonstruktion
der fehlenden Teile durch Leo Hugot geben uns über die Natur dieses
Schemas Gewißheit.[23] Die Kapelle ist 144 Fuß, also 12 mal 12 Latten
lang. Das ist die heilige Zahl der Stadt der Apokalypse, das Maß der
Engel, wie es dort heißt, zugleich für ein Zeitalter, das im Duo-
dezimalsystem dachte, ebenso vollkommen und rund wie für uns die
Hundert. Noch ein zweites Mal kehrt die Zahl 144 im Bau wieder.
Jede der Seiten des Achtecks mißt 18 Fuß, eineinhalb Latten, alle zusammen demnach 144 Fuß. Das Planschema (S. 104) zeigt, daß auch
im Äußeren alle Größen durch 12 teilbar sind. 48 Fuß ist die Höhe
bis zum Gesims, 12 weitere durfte das Dach des Sechzehnecks aus-
füllen, zwei Latten hoch ragt das Oktagon aus ihm heraus, und zwei
weitere nimmt das schöne Marmordach über dem Gewölbe ein, das
ursprünglich mit Bronzeplatten bedeckt war. Der Turm des West-
werks erreicht die gleiche Höhe, und trotz des stark abfallenden Geländes hat man es nicht für angemessen gehalten, den Granusturm
des Palastes höher emporzuführen. Das Modell zeigt an, daß beide
Türme bis zur genau gleichen Höhenlinie aufragen.

Der Baumeister wird kaum mehr als ein grobes Holzmodell und
einen Grundriß auf Pergament, von etwa der Genauigkeit des Planes
von St. Gallen, dem König vorgelegt haben, um ihm seine Gedanken
zu veranschaulichen. Dabei mußte er darauf bedacht sein, daß überall
die gleichen Größen wiederkehrten und auch alle Maße des Aufrisses
schon im Grundriß festgelegt blieben. Das ganze Mittelalter sollte es
ähnlich halten. Ausgangspunkt mußte dabei ein Quadrat von genau
84 mal 84 Fuß bilden, siebenmal jene Länge einer Latte von 12 Fuß,
durch das acht Ecken des Sechzehnecks festgelegt waren. Alle anderen

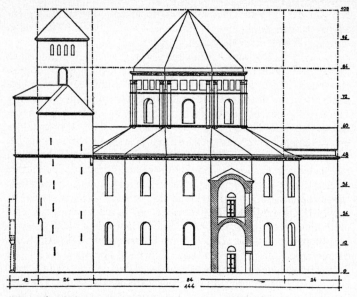

Die Maßverhältnisse der Pfalzkapelle (nach Leo Hugot)

Maße ergaben sich dann von selbst auf Grund von rein geometrischen Verfahren. Der Vergleich von Grundriß und Aufriß macht deutlich, daß es dieselben Zahlenverhältnisse sind, die beide beherrschen, und so war es Leo Hugot möglich, mit einiger Sicherheit auch die Höhe des Ganzen zu bestimmen. Der Schatzturm und das Marmordach der Kuppel haben mit großer Wahrscheinlichkeit die gleiche Höhenlinie von 108 Fuß, also neun Lattenlängen, erreicht. Die Harmonie des Werkes wurde durch diese Zahlen ebenso gewährleistet wie eine statische Sicherheit; denn was festgefügt ist, muß auch unerschütterlich fest erscheinen.

Nicht wie die späteren mittelalterlichen Dome wurde die Aachener Kapelle aus einem Stein von einer Bauhütte aus im Laufe von Jahrzehnten hochgeführt, sondern wie zu einem Feldzug wurde die ganze Region aufgeboten, um mit Fuhr- und Spanndiensten Steine aus allen Brüchen der Umgebung heranzuführen, von der Eifel, den Ardennen, den Ufern der Maas. Wo immer man römische Quadern auffinden konnte, wurden sie bei dem großen Bau wiederverwendet. Die Mauern von Verdun sollen damals zugunsten der Aachener Bauten abgerissen worden sein. In einem Brief genehmigt Papst Hadrian dem König, Marmorplatten aus Ravenna zu entnehmen, und

Einhard berichtet, daß die berühmten Syenit-, Granit- und Porphyr-säulen aus «Rom und Ravenna» herbeigeschafft wurden. Aus dem genannten Brief Alkuins von 798 an Karl den Großen geht hervor, daß diese Säulen im Obergeschoß damals aufgerichtet standen. Zu diesem Zeitpunkt muß der Rohbau vollendet gewesen sein. Wahr-scheinlich wurde die Kirche schon vor 800 geweiht, denn seit diesem Jahr scheint die Ausstattung der Kapelle mit Reliquien abgeschlossen worden zu sein. Die angebliche Weihe von 805 durch Papst Leo ist spätere Legende. Warum sollte Karl seine Kirche weniger rasch ge-fördert haben als sein Freund und «Schwiegersohn» Angilbert jene des Klosters Centula, das er erst 791 erhielt und dessen weit größere Kirche doch schon zu Ostern im Jahre 800 geweiht werden konnte?

Gleich San Vitale in Ravenna bildet den Kernraum ein Achteck von nahezu denselben Ausmaßen wie die ravennatische Kirche; doch ist Aachen steiler, höher, besitzt drei, nicht zwei Geschosse. Im Erd-geschoß sieht man sich von acht schweren Bogentoren umgeben, de-ren Arkaden von kraftvollen Pfeilern getragen werden. Ein weitaus-ladendes Kranzgesims scheidet diesen unteren Raum von dem Ober-geschoß, wo übereinandergestellte Säulenordnungen den festlichen Glanz erhöhen. Dort gewinnt man den Eindruck, als seien die Bögen aus einer Mauer ausgeschnitten, die glatt in das achtteilige Kloster-gewölbe emporführt, wo ein großes Mosaik die Augen auf sich zieht. Ursprünglich waren die Wände wohl bemalt; nicht aber mit Marmor-platten bedeckt. Archaische Schlichtheit und kraftvolle Ruhe be-herrschen das Erdgeschoß, spätzeitliche Formvielfalt die oberen Rän-ge. Der klaren Ordnung unten folgt oben der verwirrende, blendende Reichtum des Kaiserornats und schließlich zuoberst der vom Erlöser ausstrahlende Glanz des Mosaiks. Nur für den Herrscher führte die Richtung, in der das Bauwerk gesehen werden sollte, von Westen nach Osten, für alle anderen von unten nach oben. Im Erdgeschoß sah jedes Auge sich angehalten, in den unantikisch hohen und steilen Mittelraum zu blicken, aber auch im Obergeschoß weisen die anstei-genden Tonnen, welche die Seitenlogen überwölben, den Blick eben-so zur Mitte wie die Schmuckformen der Brüstung. Diese Mitte ist das Hoheitsvolle, Kostbare, die Einheit und Ganzheit, die Gewicht hat. Sie allein ist Raum. Daß man in diesen Raum, den ersten mittel-alterlichen nördlich der Alpen, von außen hineinblicken kann, daß man ihn erfaßt als eine unberührbare Ganzheit, welche von Säulen, Mosaiken, Schranken und Gittern wie ein Edelstein gefaßt ist, be-stimmt sein Erlebnis und macht seine Einzigartigkeit aus.

Während in San Vitale in Ravenna ein Achteck das Achteck um-schließt und die Eintrittssituation in jener geheimnisvollen Unbe-stimmtheit gelassen wird, die die byzantinische Kunst und der Osten

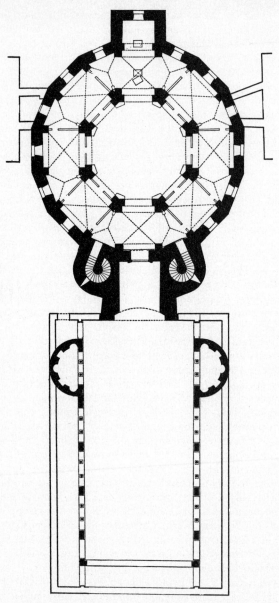

Grundriß der Pfalzkapelle und Idealgrundriß des Atriums

Schnitt durch die Pfalzkapelle (nach F. Kreusch)

geliebt haben, umfaßt in Aachen ein Sechzehneck das Achteck, der Eingang aber wird durch einen besonderen Westbau hervorgehoben. Das Sechzehneck gab die Möglichkeit, acht fast quadratische Räume zu bilden, vor dem Eingangsraum und dem Altarraum je einen, in der West-Ost-Richtung je drei Kapellen, in denen wahrscheinlich Altäre gestanden haben. Diese Kapellen bildeten keinen Umgang, sondern waren jedesmal von der Mitte aus zugänglich und auf die Mitte hin ausgerichtet. Man muß sich vorstellen, daß sie durch hohe Schranken gegeneinander und gegen den Hauptraum abgegrenzt waren, wodurch die zwischen ihnen gelegenen Dreieckräume in den Hintergrund traten, da ihnen keine besondere Aufgabe zugeordnet war. Der Baumeister hat es verstanden, diese Nebenkapellen mit sorgsam gestalteten Kreuzgratgewölben einzudecken. Die klare Schichtung der Quader beweist, daß es Langobarden waren oder in der Lombardei geschulte Franken, nicht Byzantiner, die diese Gewölbe ausgeführt haben.

Ganz anders als die niedrigen Räume des Erdgeschosses sind die hohen Logen des Obergeschosses gebildet. Sie schließen sich gemein-

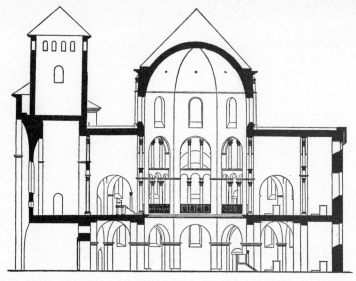

Schnitt durch die Pfalzkapelle (nach F. Kreusch) und Rekonstruktion des Turmgeschosses (nach Leo Hugot)

sam zu einem Umgang zusammen und sind zugleich jede für sich zur Mitte ausgerichtet, wo sie von kunstreichen Bronzegittern abgeschlossen werden. Das weitausladende Kranzgesims trennt deutlich diese obere Hoheitszone von dem unteren Bereich des Klerus ab. Sechs der Logen sind durch steil ansteigende Tonnen überwölbt, und neuere Untersuchungen haben ergeben, daß auch der Thron und Altarraum ursprünglich solche aufsteigenden Tonnen erhalten sollten. Erst während der Bauarbeiten entschloß sich der Meister dazu, eine flache Tonne vorzuschlagen, durch die diese beiden Räume ruhiger, selbständiger, würdevoller wirken. Doch umrahmen alle acht Tonnen die edle Doppelordnung der Säulen, welche die Schauseite der Logen bilden und gemeinsam mit den Pfeilern und Arkaden die Feierlichkeit dieser Architektur hervorheben. Ich habe an anderer Stelle die Pfalzkapelle ein Hoftheater mit nur einem Sitzplatz genannt. Der Kaiser allein konnte von seinem Thron herab dem Gottesdienst auf den drei Altären der Kirche folgen, die mit einiger Sicherheit überliefert sind, dem Marienaltar, hinter ihm dem Petrusaltar des Erdgeschosses und dem Salvatoraltar im Obergeschoß. Sein Gefolge mußte sich dicht um den Thron scharen, um wenigstens stehend, die Gitter überschauend, am Gottesdienst des Monarchen seinen Anteil zu nehmen. Da Karl als Kaiser nicht mehr geheiratet hat, ist es nicht nötig geworden, wenigstens für die Kaiserin einen besonderen Platz vorzusehen.

Weil die Kirche so gebaut ist, daß alle Kraftlinien sich dem einen bevorzugten Platz im Obergeschoß zuwenden, dürfen wir annehmen, daß dort auch immer ein Thron gestanden hat. Säulen rahmen ihn vorn, ein offener Bogen mit abermals doppelter Bogenstellung hinterfängt ihn, sechs Stufen, wie zu dem Thron König Salomos, führen zu dem schlichten, aus antiken Marmorplatten gefügten Sitz. Am Hof hatte Karl den Namen David. Dieser Name sollte hervorheben, daß auch der Alte Bund, neben der antiken Gedankenwelt, in dem neuen christlichen Imperium Vorbildlichkeit besaß. Seit dem 6. Jahrhundert war die Königssalbung, der sich Karl bei seiner Krönung in Noyon 768 unterzogen hatte, bei den Westgoten und den nordgermanischen Stämmen nach dem Vorbild der Salbung Davids durch Samuel aufgekommen. Wer aus dem Achteck die Blicke empor nach Westen richtete, der sollte dort als feierliches Bild den Kaiser erblicken.

Erstaunlich gering an Bedeutung für den Gesamtbau im Vergleich mit dem mittelalterlich steilen und hohen Zentralraum war der karolingische Chor, den ein Baumeister der Gotik durch das lichte und große Glashaus, wie Dürer es genannt hat, ersetzte. Doch darf neben diesem Achteck und den schönen Logen des Obergeschosses nicht der dritte geniale Architektureinfall übersehen werden: der Westbau mit seiner dreifachen Funktion und seinen drei Etagen. Er vereinigt die Eingangshalle mit den Treppentürmen und der Schatzkammer im Turm. Er ermöglicht zugleich, die Thronloge durch einen Raum zu erweitern, in dem das Gefolge des Kaisers Platz finden konnte. Er bildet ein überaus kompliziertes Architekturgefüge, das Baugedanken, wie sie vielleicht in Saint-Denis und in Lorsch, mit Sicherheit auch in Centula entwickelt wurden, zu einem grandiosen Abschluß brachte. Aachen erhielt ein «Westwerk» eigener Prägung, dem besondere Aufgaben vorbehalten blieben. Dieser Westbau bildete von vornherein mit dem Zentralraum eine einzige Kirche. Hier tritt zum erstenmal das Bild einer Komposition aus dichtgedrängten und hohen Baukörpern dem Besucher vor Augen, das später die ganze kirchliche Architektur des Mittelalters beherrschen sollte. Die kraftvoll gefügte, einer Burg oder Festung vergleichbare schlichte Außenschale steht in bewußtem Gegensatz zu dem feierlich-formenreichen Innenraum.

Der Westbau umgreift und hinterfängt den Thronraum. Seine Eingangshalle führt unter diesem hindurch. Doch solchen Aufgaben für den Innenraum entsprechen gleich bedeutsame für den Außenbau. Nach außen ist die hohe Nische gerichtet, unter der einmal ein Thron

Der Pinienzapfen aus dem Atrium der Pfalzkapelle. Römisch mit karolingischem Fuß

Die Bronze-Bärin der Aachener Pfalzkapelle. Römisch, um 200 n. Chr.

gestanden haben könnte. Hier faßte eine kunstvolle Säulen- und Pfeilerarchitektur einen Vorhof, das Atrium, ein, in dem sich das Volk versammelte. Hier mag der Kaiser auch die Huldigung fremder Gesandter entgegengenommen haben. Dies ist schließlich außer dem Tonnengewölbe die einzige Stelle, an welcher der Baumeister in seinen Plänen geschwankt hat. Ursprünglich sollten zwei Exedren diesen unteren Thronbereich im Norden und im Süden hervorheben. Ihre Reste wurden ergraben, eine Rekonstruktion konnte versucht werden. Noch in karolingischer Zeit, vielleicht noch unter Karl selbst, wurden sie wieder entfernt. Dort in diesem Vorhof muß man sich auch den Standort eines Brunnens vorstellen, den einstmals jener Pinienzapfen geschmückt hat, durch den Karl den Vergleich seiner Kirche mit St. Peter in Rom augenfällig machen wollte, in dessen Atrium ein weit größerer Pinienzapfen stand. Auch jene spätantike Bärin, in der das Zeitalter Karls eine Wölfin erblickte, hat Karl im Atrium der Kirche aufstellen lassen, so daß das Sinnbild des weltlichen Rom neben dem Sinnbild des kirchlichen seinen Platz fand. Von der Spitze des Daches herab grüßte als drittes Sinnbild Roms ein vergoldeter Adler, wie ihn die Legionen mit sich führten, den Besucher.

Der Säulenhof konnte vom Westen aus betreten werden, wo sich der «vicus», das Dorf des einfachen Volkes ausdehnte. Man gelangte in ihn ebenso durch die äußere Palaststraße; und auch der gedeckte Gang mündete in das Atrium ein, das dem Gesamtgefüge der Pfalzbauten mit großer Kunst eingeordnet war. Zu diesem architektonischen Organismus gehörten auch die beiden Annexbauten im Süden und im Norden, und es bleibt wahrscheinlich, daß gerade sie von den Zeitgenossen als der «Lateran» bezeichnet wurden, die Wohnstätten des hohen Klerus, der Arbeitsbereich der Hofkapelle, vielleicht auch ihrer Schreibstuben. Mit Sicherheit waren es keine Kirchen, vielmehr Profanbauten, von denen der südliche auch als Sakristei gedient haben mag, der nördliche, durch den der Kaiser selbst die Pfalzkapelle von seinen Wohngemächern aus betrat, als Versammlungsraum. So mögen früher neben dem Zelt des Königs die Zelte seiner Ratgeber und Diener gestanden haben. Noch in spätmittelalterlichen Lagern ist es ähnlich gewesen: seitlich vom Hauptzelt standen die Zelte des Gefolges, in denen die Diener, Schreiber, Leibwachen schliefen und wo der Schatz verwahrt wurde. Von der karolingischen Bausubstanz der Kapelle, die so festgefügt war, daß man noch das gotische Glashaus mit Eisenankern an ihm befestigen konnte, hat das spätere Mittelalter außer dem kleinen Chor nur den Turm im Westen durch einen Neubau ersetzt, den das 19. Jahrhundert wieder verändert hat. Dürers berühmte Zeichnung veranschaulicht die Anlage in ihrer spätmittelalterlichen Gestalt, wobei der Wirtschaftshof des Stiftes der *curia Regia* ihren ganzen Glanz genommen hat. Durch den Abbruch des Turmes sind wir für seine Kenntnis auf Rekonstruktionen angewiesen. In jedem Falle reichte der Raum über dem Thron für die Schatzkammer aus. Und wo sollten Schätze sicherer aufbewahrt werden als in diesem schwer zugänglichen Turmgeschoß, dessen Eingangsräume über den Treppen durch sorgsam gemauerte Kuppeln von langobardischer Hand überwölbt worden sind?

Ebensowenig wie über den Schatzraum des Kaisers wissen wir über seine Grabstelle genau Bescheid. Vielleicht hat Einhard mit seinem Bericht absichtsvoll spätere Räuber von der wirklichen Grabstelle ablenken wollen. Er schreibt, daß Karl noch am gleichen Tage, an dem er gestorben war, in seiner Kirche begraben wurde und daß *über dem Grab ein vergoldeter Bogen mit seinem Bild und einer Inschrift errichtet wurde.* Sein Vater Pippin war in Saint-Denis unter dem Fußboden der Eingangshalle, sein Enkel, Karl der Kahle, in der gleichen Abteikirche nahe dem Altar und seinen Reliquien bestattet worden. So fanden seit langem drei Vermutungen ihre Anhänger: man hat

Das Münster zu Aachen. Zeichnung von Albrecht Dürer. Oktober 1520. London, British Museum

ein Wandgrab unter einem Bogen in einer der Seitenkapellen rekonstruiert, man hat nach dem Grabraum vor dem Altar gegraben, und man hat auf Grund namentlich späterer Quellen angenommen, daß das Grab im Boden der Vorhalle und unter dem Thron verborgen war, so daß die Chronisten Ottos III. schreiben konnten, man «habe ihn auf dem Throne sitzend» vorgefunden. Sehr vieles spricht dafür, daß diese letzte Annahme zutreffend war. Mit einiger Sicherheit können wir sagen, daß Karl in jenem kostbaren Proserpina-Sarkophag bestattet wurde, der sich bis heute in Aachen erhalten hat.

Der hohe künstlerische Rang dieses Sarkophags aus dem 2. Jahrhundert und der Inhalt der Darstellungen, die das Totenreich veranschaulichen, in das Proserpina entführt wird, zeigen an, daß man am Hofe genau gewußt hat, was einem Kaiser angemessen war. Man hatte nicht versäumt, sich rechtzeitig das kostbare Werk zu besorgen. Wie im Leben, so auch im Tode bildete das Antike einen Teil des Kaiserornats. Als der Kaiser 1165 auf Drängen Barbarossas durch einen Gegenpapst in den Kreis jener heiligen Könige aufgenommen worden ist, die das 12. Jahrhundert vor allem verehrt hat, wird man zunächst den antiken Sarkophag aus seiner Grabkammer gehoben und auf den Altar gestellt haben. Es sollten immerhin genau 50 Jahre vergehen, bis Friedrich II. von Staufen den letzten Goldnagel in den neuen Karlsschrein schlagen konnte, in den der Leichnam 1215 umgebettet wurde.

Die Aachener Pfalz ist ein Spiegelbild der Persönlichkeit, die sie geschaffen hat. Man schwankt, ob man mehr die Größe dieser Konzeption bewundern soll oder die geringen Ausmaße dieser *nova Roma* als Kennzeichen eines sich in utopischen Wunschvorstellungen verlierenden politischen Denkens ganz anders beurteilen muß. Wir haben einen großen Ansatz, kein Ganzes. Die ungeheueren Aufgaben des Kaisers und seiner Zentralverwaltung stehen in krassem Gegensatz zu den Möglichkeiten dieses Hofes und seiner Kultur. Karl fühlte sich verantwortlich für alle Bereiche des sozialen Lebens und des Rechtes in allen Teilen seines Reiches. Er hat mehrere Rundschreiben erlassen, in denen die Rechte der Armen und Schwachen gegen die Übergriffe des Adels gesichert werden sollten. Er hat ein ganzes System von Sendboten aufgebaut, jener *missi domici* [*Gesandten des Herrn*], jeweils eines Geistlichen und eines Laien, die im ganzen Land dafür Sorge tragen sollten, daß seine Erlasse, die *capitularia*, durchgeführt würden. Der Kaiser selbst saß nun fest in der Mitte, und reitende Boten sollten die Aufgabe des wandernden Hofes übernehmen. Aber Rechtsprechung, Steuereintreibung, Verwaltungskontrolle ließen sich noch weniger durch gelegentliche Kontrollen sichern als durch den König oder durch die Erwartung eines königlichen Be-

suches. In den Provinzen mußten sich die Verhältnisse nach eigenen
Gesetzen entwickeln, die den allzu einfachen und oft auch allzu
idealen Vorstellungen des Kaisers nicht entsprachen. Karl ist mit
größerer Entschiedenheit noch als Wohltäter der Kirchen und Klöster
aufgetreten. Man sieht den rasch Alternden, der nur noch ungern
nach dieser letzten Rom-Reise und den letzten Sachsenzügen Aachen
verließ, von vielfältigen Sorgen und Aufgaben umstellt, die nicht zu
einem Ausgleich zu bringen waren. Es ist dieser greise Karl, den
Einhard beschreibt. *Nachts unterbrach er den Schlaf vier- oder fünfmal, indem er nicht bloß aufwachte, sondern auch aufstand. Während
er Schuhe und Kleider anzog, ließ er nicht allein seine Freunde vor,
sondern wenn der Pfalzgraf von einem Rechtsstreite sprach, der nicht
ohne seinen Ausspruch entschieden werden könne, so hieß er die
streitenden Parteien sofort hereinführen und sprach nach Untersuchung des Falls das Urteil, als säße er auf dem Richterstuhl; und das
war nicht das einzige, sondern was es für den Tag von Geschäften zu
tun und einem seiner Diener aufzutragen gab, das besorgte er zu
dieser Stunde.*[24] Da holte er nachts, wie wieder Einhard berichtet, unter dem Kopfkissen *Tafel und Büchlein (tabulas et codicellos) hervor,
um in müßigen Stunden seine Hand an das Nachmachen von Buchstaben zu gewöhnen.* Da erfahren wir, daß er in anderen Nächten in die
Pfalzkapelle geeilt sei, um an den Stundengebeten der Priester teil-
zunehmen. Dann wieder hörte er von einer Not unter den Christen in
Syrien, Ägypten, Afrika und befahl, Geschenke nach Jerusalem,

Der Sarkophag Karls des Großen in Aachen. Rom, Ende des 2. Jahrhunderts

Alexandria, Karthago zu schicken, wenn man hier Einhard Glauben schenken möchte. Er kümmerte sich um die Kodifizierung der fränkischen wie der fremden Rechte und mußte auch dieses Werk unvollendet zurücklassen. Die intellektuellen Fähigkeiten, das juristische Definitionsvermögen waren nicht in der Lage, solche Aufgaben realistisch zu meistern. An der gleichen Stelle berichtet Einhard von Karls Bemühungen um die eigene Sprache, um eine germanische Grammatik, das Liederbuch mit den alten Heldengesängen, die Sorge um deutsche Worte für Monate und Winde. Karl plante, befahl, entschied und war beunruhigt, weil sich fast nichts verwirklichen ließ. Karl und sein Hof, die Kirchenmänner, die sein Denken mehr und mehr bestimmten, wollten die Welt verwandeln und den Kulturabstand, der sie von den Zeiten Vergils, ja Augustinus' trennte, in wenigen Jahren überwinden. Das konnte im Bereich der Kunst an wenigen Stellen gelingen. Im Bereich der Politik, des sozialen, des wirtschaftlichen Lebens blieb es Utopie: Improvisationen eines alternden Monarchen, der auf seinem Thron jenen Sinn für die Realität zu verlieren schien, der ihn zu Pferde in so hohem Maße ausgezeichnet hatte. Nicht einmal sein persönliches Testament konnte er vollenden.

Die Frage seiner Nachfolge beschäftigte ihn zum mindesten seit 806, dem Jahr, in dem er in Diedenhofen eine erste Verordnung über die Teilung des Reiches zwischen seinen drei Söhnen erließ, die *Divisio regnorum*. Der älteste, Karl, erhielt damals noch die eigentliche Francia geschlossen zusammen mit den östlichen Eroberungen, namentlich Sachsens. Der zweite, Pippin, mußte sich mit dem Alpenstaat begnügen, der das langobardische Königreich und Oberdeutschland bis zur Donau umfassen sollte. Der dritte, Ludwig, wurde mit dem angestammten Königreich Aquitanien abgefunden, das um Teile Burgunds vermehrt worden ist. Wer von ihnen Kaiser werden sollte, ist vielleicht deshalb hier nicht ausgemacht worden, weil die Nachfolge des Ältesten als eine Selbstverständlichkeit erschien. Schon sein Erbteil, die Francia, berechtigte ihn dazu. Die Diskussionen über die Trinität, die gerade in diesen Jahren den Hof und den Kaiser immer wieder, wie wir sahen, beschäftigt hatten, mögen nach einer kühnen These von Heinrich Mitteis dazu beigetragen haben, daß man sich der Hoffnung hingab, auch auf Erden könnte unter den drei Söhnen die gleiche Eintracht herrschen wie im Himmel unter den drei Personen der Gottheit, zumal die Kaiseridee die Gegensätze ausgleichen würde.[25] Das Kaisertum umfaßt das Ganze. Durch den Tod der Söhne Karl (811) und Pippin (810) hat sich die Frage von selbst geregelt. Dennoch hat Karl 813 in einer großartigen Zeremonie alle Anwesenden, vom größten bis zum kleinsten – wie Thegan[26] in seiner Geschichte Ludwigs des Frommen berichtet –, um ihr Einverständnis befragt, ehe er seinem Sohn den Kaisertitel gab. Die Frage der Nachfolge fand ihren Abschluß; jene des Nachlasses überstieg erneut die Möglichkeiten und die Fähigkeiten der Aachener Hofverwaltung. *Ein Testament*, so schreibt Einhard, *in dem er seinen Töchtern und den mit den Konkubinen gezeugten Kindern ein Erbteil zuweisen wollte, hat er zu errichten begonnen, aber da er es spät begonnen hatte, wurde er damit nicht mehr fertig.*[27] Seine Nachkommen verfügten am Ende nur über einen allgemeinen Verteilungsschlüssel für allen beweglichen Besitz, nach dem die 21 Erzbistümer seines Reiches sieben Neuntel zur Weiterverteilung an ihre Bistümer erhalten sollten, die Armen des Hofes ein Neuntel und die leiblichen Erben nur das letzte Neuntel. Alles, was der Schatz und die Kleider- und Waffenkammern des Kaisers bargen, sollte den Erben überlassen werden. Die Bibliothek wurde ebenso verkauft wie die kostbaren Schmuck- und Geschirrbestände. Karl hatte offenbar den Wert des gemünzten und ungemünzten Goldes und Silbers für den Staat noch nicht erkannt. Es bleibt kennzeichnend für ihn, daß er alles zerfließen ließ. Für seine Optik bestand das Reich am Ende aus der eigenen Familie, den Armen des Hofes und jenen 21 Erzbistümern, von denen Einhard zuerst die fünf in Italien nennt: Rom, Ravenna, Mailand, Cividale und Grado, dann die vier im deutschen Sprachraum: Köln, Mainz, Salzburg und Trier, zuletzt nicht weniger als zwölf in Frankreich. Es sind Sens, Besançon, Lyon, Rouen, Reims, Arles, Vienne, Bordeaux, Tours und Bourges – dazu noch Moutiers en Tarantaise und Embrun. Man unterschied schon genau die drei Länder, über die Karl regiert hat, Italia, Germania und Gallia. Ebenso bezeichnend ist die Liste der 30 Männer, die das Testament gegengezeichnet haben, je fünfzehn Geistliche und fünfzehn Grafen, unter den Geistlichen elf Bischöfe und vier Äbte. Doch mit dem Tod des alten Kaisers sollte sich der ganze Aachener Glanz wieder auflösen. Man hat die Schätze nicht mit dem Herrscher verbrannt wie vereinzelt im alten Orient, und auch die Frauen wurden nicht getötet, sondern in Klöster gesandt. Jede der schönen Töchter erhielt ihre Abtei. Man wollte die Schätze auch nicht dem Kaiser mit ins Grab legen, wie es noch hundert Jahre zuvor für viele der fränkischen Großen bezeugt ist. Man gab sie der Kirche und den Armen und schuf damit ein Beispiel für das ganze Mittelalter.

Dieser alte Monarch stand Einhard vor Augen, als er knapp zwanzig Jahre nach seinem Tode sein Bild aus dem Gedächtnis beschrieb. *Er war von breitem und kräftigem Körperbau, hervorragender Größe, die jedoch das rechte Maß nicht überschritt – denn man weiß, daß sie sieben seiner Füße betrug* (nach neuerer Messung der Gebeine etwa 1,92 Meter). *Der Schädel war rund, die Augen groß und lebhaft, die Nase überragte ein wenig das Mittelmaß. Er hatte schönes graues Haar und ein freundliches und heiteres Gesicht. So bot seine Gestalt im Stehen wie im Sitzen sich voller Autorität und Würde dar, wenngleich sein Rücken stark und etwas zu dick, sein Leib hervorzutreten schien; denn das Ebenmaß der anderen Gliedmaßen verdeckte das. Sein Gang war fest, die ganze Haltung männlich, die Stimme hell, was freilich zu der Gestalt nicht recht passen wollte.*[28] Ebenso berichtet Einhard, daß er fast unaufhörlich sprach, so daß man ihn *geschwätzig* nennen konnte. Und später: *Er trug seiner Väter,* d. h. fränkische Kleidung, *ein Leinenhemd auf dem Leib und Leinenunterhosen, darüber die Bluse, die mit Seidenstreifen verbrämt war, und Hosen. Die Beine umwickelte er mit Binden; an den Füßen trug er Schuhe und schützte im Winter Schultern und Brust mit einem Umhang aus Fischotter- oder Zobelpelz. Dazu trug er den blauen Mantel und stets das Schwert, dessen Griff und Gehänge aus Gold oder Silber waren. Zuweilen, bei den Festlichkeiten, oder wenn Gesandte fremder Völker kamen, bediente er sich eines mit Edelsteinen verzierten Schwertes . . . Ausländische Kleidung jedoch wies er zurück, mochte sie auch noch so schön sein, und ließ sie sich niemals anlegen . . . An Festen schritt er in einem mit Gold durchwirkten Kleide und mit edelsteinbesetzten Schuhen einher, den Mantel durch eine goldene Spange zusammengehalten, dazu trug er ein Diadem, das mit Edelsteinen geschmückt war. An anderen Tagen unterschied sich seine Kleidung wenig von der Tracht des gemeinen Volkes.*

HIC PATER ECCLESIAE ROMAE DECVS INCLYTVS AVCTOR
HADRIANVS REQVIEM PAPA BEATVS HABET
VIR CVI VITA DS PIETAS LEX GLORIA CHRISTVS
PASTOR APOSTOLICVS PROMPTVS AD OMNE BONVM
NOBILIS EX MAGNA GENITVS IAM GENTE PARENTVM
SED SACRIS LONGE NOBILIOR MERITIS
EXORNARE STVDENS DEVOTO PECTORE PASTOR
SEMPER VBIQVE SVO TEMPLA SACRATA DO
ECCLESIAS DONIS POPVLOS ET DOGMATE SCO
IMBVIT ET CVNCTIS PANDIT AD ASTRA VIAM
PAVPERIBVS LARGVS NVLLI PIETATE SECVNDVS
ET PRO PLEBE SACRIS PERVIGIL IN PRECIBVS
DOCTRINIS OPIBVS MVRIS EREXERAT ARCES
VRBS CAPVT ORBIS HONOR INCLYTA ROMA TVAS
MORS CITI NIL NOCVIT XPO QVAE MORTE PEREMPTA EST
IANVA SED VITAE MOX MELIORIS ERAT
POST PAREM LACRIMIS KAROLVS HAEC CARMINA SCRIBSI
TV MIHI DVLCIS AMOR MODO PLANGO PATER
TV MEMOR ESTO MEI SEQVITVR TE MENS MEA SEMPER
CVM XPO TENEAS REGNA BEATA POLI
TE CLERVS POPVLVS MAGNO DILEXIT AMORE
OMNIBVS VNVS AMOR OPTIME PRAESVL ERAS
NOMINA IVNGO SIMVL TITVLIS CLARISSIME NOSTRA
HADRIANVS KAROLVS REX EGO TVQ· PATER
QVISQ· LEGAS VERSVS DEVOTO PECTORE SVPPLEX
AMBORVM MITIS DIC MISERERE DS
HAEC TV ANC TENEAT REQVIES CRSSIME MEMBRA
CVM SCIS ANIMA GAVDEAT ALMA DI
VLTIMAQ VIPPE IVAS DONEC TVBA CLAMET IN AVRES
PRINCIPE CVM PETRO SVRGE VIDERE DM
AVDIT VR SERIS VOCEM SCIO IVDICIS ALMAM
INTRANS VNC DNICA GAVDIA MAGNA TVI
TVNC MEMOR ESTO TVI NAM PATER OPTIME POSCO
CVM PATRE DICNATVS PER GAT ETIS TE MEVS
O PETER EGNA PATER FELIX CAELESTIA XPI
INDE TVVM PR EGIBVS AVXILIARE GREGEM
DVM SOL IGNICOMOR VTILVS SPLENDESCIT AB AXE
LAVS TVA SCEPTER SEMPER IN ORBE MANET
SED IT BEATAE MEMORIAE HADRIANVS PAPA
ANNOS XXIII MENSES X DIES X VII OBIIT VIII KL IAN

Epitaph für Papst Hadrian I., Aachen 796.
Rom, Vorhalle der Peterskirche

DIE HOFWERKSTÄTTEN

Die Großen des Reiches, die Bischöfe, Äbte, Grafen, fremde Gesandte wie unterjochte Fürsten waren in gleicher Weise bestrebt, aus dem Beutegut der Völkerwanderungszeit und dem Trümmerschutt des Römerreiches die kostbarsten Stücke der Antike dem König zu senden. Erhalten haben sich die Säulen des Emporengeschosses der Kapelle, einige wenige Kapitelle, die Marmorplatten des Thrones, der Sarkophag, die Wölfin, vielleicht der Pinienzapfen, wenn er nicht doch eine karolingische Nachahmung ist, dazu kostbare Seiden. Wir wissen, daß Karl aus Ravenna das Reiterstandbild des Theoderich kommen ließ, in dem er sein Vorbild verherrlicht sah. Er konnte es von seinen Fenstern aus immer vor Augen haben. Wir wissen nicht, wann es zugrunde gegangen ist. Die Arbeiten des Hofes erweisen, daß zahlreiche antike Bücher, Elfenbeine, Gemmen, Silbergerät und Goldschmuck nach Aachen gekommen sind. Und freigebig schenkte Karl in die Provinzen zurück.

Gleich bedeutsam aber für die Hofkultur war der Zustrom von Künstlern und Kunsthandwerkern, die an den Hof befohlen wurden oder um Aufträge bittend nach Aachen zogen. Wie aus allen Teilen des Reiches Gelehrte, Dichter, Kaufleute, Soldaten zur neuen Mitte gereist sind, so muß man auch annehmen, daß die Künstler gekommen sind, einige Zeit verweilten und wieder hinwegzogen, neben den Franken und Langobarden Iren und Angelsachsen, Südfranzosen und Römer, auch Männer aus dem griechischen Italien, vielleicht aus Konstantinopel, möglicherweise sogar aus dem arabischen Spanien und dem Orient. Neben den Steinmetzen, welche die Pfalz gebaut haben, müssen Wandmaler, Mosaikkünstler, Bronzegießer, Goldschmiede, vielleicht sogar Seiden- und Leinenweber in Aachen gewesen sein. Wer immer sich in diesem weiten Reich durch besondere Fähigkeiten auszeichnete, der wurde von seinem Abt, Bischof oder Landesherrn an den Hof gesandt, um sich auch vor dem Kaiser zu bewähren. Von den Arbeiten der Steinmetzen wurde schon gesprochen. Auch die schöne Platte für das Grab Hadrians haben sie geschaffen. Von den Werken der Wandmaler ist nichts erhalten. Das große Mosaik der Kuppel der Pfalzkapelle ist uns nur in Nachzeichnungen und Beschreibungen bekannt, auf Grund derer die Genter Maler Baron Jean de Béthune 1873 bis 1881 die Kartons für eine Kopie geschaffen hat, die der Venezianer Antonio Salviati in Mosaik übertrug. Es stellt die 24 Ältesten der Apokalypse dar, die sich von ihren Sitzen erhoben haben und Christus ihre Kronen reichen, ein Akt der Verehrung, der für die Huldigung vor dem König das Vorbild war. Durch Hermann Schnitzler ist neuerdings mit Recht bezweifelt worden, daß die überlieferte Komposition der ursprünglichen in allen Teilen entsprochen hat. Statt des thronenden Christus, der vielleicht erst aus dem 12. Jahrhundert stammt, soll dieser These zufolge ursprünglich ein Lamm die Mitte der Kuppel geschmückt haben; das hätte mehr der Ansicht des Hofes über die theologisch erlaubten Möglichkeiten der Darstellung Gottes entsprochen, die in den *Libri Carolini* niedergelegt worden ist. Doch haben die Mosaikkünstler wie die Wandmaler keine Tradition begründen können, deren Fortwirken im Frankenreich für uns sichtbar geblieben ist.

Es sind im Grunde nur drei Gruppen von Künstlern, deren Tätigkeit am Hofe wir für einen so großen Zeitraum überblicken können, daß es möglich wurde, die Entfaltung ihrer Kunst zu beschreiben: die Miniaturmaler, die Elfenbeinschnitzer und die Bronzegießer, dazu in Ansätzen die Goldschmiede. Die Geschichte jeder dieser Gruppen bildet eines der großen Kapitel der karolingischen Kunst. Ihre Werke veranschaulichen für uns neben der Pfalzkapelle selbst das, was man den Stil Karls des Großen genannt hat. Muß man sie auch getrennt vorführen, so haben sie doch gemeinsam die gleiche Eintwicklung durchschritten, deren Etappen wir von 794 bis 814 und darüber hinaus verfolgen können. Vergleichbares findet sich in keinem anderen Zentrum des Reiches, es sei denn, es wäre von Aachen angeregt worden oder im Wettbewerb mit der Hofkunst entstanden. Die Blütezeit endete sofort mit dem Tode Karls, oder besser: nach ihm entstanden die Werke in anderen Zentren. Die Künstler scheinen bald nach dem Eintreffen Ludwigs des Frommen fortgezogen zu sein. Einige von ihnen glaubt man in Reims, Metz, Mainz wiederzufinden. Kennzeichen der Stilentwicklung am Hofe ist, daß man von Jahrfünft zu Jahrfünft die Antike besser verstehen und besser nachzuahmen lernte.

Dafür liefert die Miniaturmalerei das beste Beispiel. Karl hat eine große Bibliothek in Aachen vereinigt. Spätantike Prachtkodizes, angelsächsische und irische Handschriften, die lateinischen und wohl auch die griechischen Dichter, Kirchenväter und Kirchenväterkommentare, Geschichtswerke, unter ihnen auch Beda, Enzyklopädien, astronomische Traktate, Bücher zur Mathematik und Geometrie, Sprachlehren; alle Bereiche der Wissenschaften waren vertreten. Viele Titel konnten ermittelt werden. Bernhard Bischoff hat eine Rekonstruktion der Bibliothek versucht.[29] Ihren Aufbau, ihre Gliederung, ihre Größe kennen wir nicht. Doch läßt sich eine nicht ganz kleine Gruppe von Texten oder Abschriften von Texten unmittelbar aus ihr herleiten.

Von den Büchern der Bibliothek muß man die Kodizes des Kirchenschatzes unterscheiden, die für den liturgischen Dienst bestimmt waren. Sie wurden von der Hofkapelle betreut, gehörten zeitweise der

Hofkapelle und bestanden im Gegensatz zu den Bibliothekswerken in der Hauptsache aus Neuschöpfungen. Die Kapelle selbst unterhielt ein Skriptorium und hat dort auch fremde Gäste aufgenommen, damit sie für ihre Zwecke neue Werke schufen. Es haben sich neun Prachtkodizes erhalten, die aus diesem Skriptorium im Laufe von rund dreißig Jahren hervorgegangen sind; hinzu kommt das Fragment eines zehnten Bandes. Mindestens drei weitere ließen sich an Hand von späteren Kopien aus Fulda, Mainz und Salzburg rekonstruieren. Die neun Bände bestehen aus sieben Evangeliaren, einem Evangelistar und einem Psalter. Auch die verlorenen drei Werke waren Evangeliare. Dieses Skriptorium hat sich also bewußt auf Prachtevangeliare spezialisiert, von denen einige von Karl oder seinem Nachfolger den großen Klöstern und Bischofssitzen geschenkt worden sind. Auch jene Gruppe der Gäste oder fremden Maler am Hofe hat vor allem Evangeliare geschaffen, im ganzen sind vier erhalten, die heute in Wien, Aachen, Brüssel und Brescia verwahrt werden.

Nach einer Eintragung in dem Evangeliar der Trierer Stadtbibliothek nannte die Kunstgeschichte die Werke des Hofskriptoriums «Ada-Gruppe». In dieser Handschrift wird als Stifterin eine gewisse Ada genannt, in der die Legende eine Schwester Karls des Großen gesehen hat. Doch war man sich nicht einig, in welcher Stadt die Kodizes geschrieben worden sind. Trier, Mainz, Lorsch und Metz wurden neben Aachen genannt. In Frankreich sprach man von der «École du Rhin». Wilhelm Köhler hat die Argumente zusammengetragen, die für Aachen sprechen.[30] Diese Künstler haben ungewöhnlich kostbare Vorbilder besessen, keinerlei Beschränkungen an Material, Pergament, Gold, Silber, Farben auf sich nehmen müssen und die Arbeit auf viele Hände verteilen und straff organisieren können. Nichts zwischen 780 und 810 kann sich an Kunstrang mit ihnen messen. Köhler sprach von der «Hofschule Karls des Großen», und auch den vier Büchern der fremden Maler gab er einen neuen Namen. Er nennt sie nach dem kostbarsten Werk «die Gruppe des Wiener Krönungs-Evangeliars». Denn auf dieses schönste Buch haben die späteren deutschen Kaiser ihren Krönungseid geleistet. Beide Gruppen von Handschriften und Miniaturen, sowohl die Bücher des Skriptoriums der Hofkapelle als jene ihrer fremden Gäste, haben entscheidenden Einfluß auf die Buchmalerei unter Ludwig dem Frommen und seinen Söhnen gehabt und später fortgewirkt auf die ottonische Kunst, die Werke der Fremden mehr im Westen und vor allem in Reims, die Werke der Kapelle mehr im Osten des Reiches, vor allem in Fulda, Salzburg und der Reichenau. Unter Karl dem Kahlen sollten Motive aus beiden sich in dem aufwendigsten Buch dieser Spätzeit, dem Codex Aureus aus St. Emmeram (heute in München) vereinen.

Matthäus. Evangeliar aus Centula. Hofschule Karls des Großen,
um 800. Abbeville, Bibliothèque Municipale

Namentlich durch Köhlers Forschungen ist die Reihenfolge, in der die Bücher des Hofskriptoriums entstanden sind, festgelegt worden. Die Vergleiche der Texte haben seine stilgeschichtlichen Nachweise bestätigt. Denn man hat sich am Hofe ständig um bessere Textfassungen der vier Evangelien bemüht. Nur zwei der Handschriften sind durch Widmungsgedichte datiert oder datierbar, die beiden «Außenseiter», der älteste Kodex mit dem Evangelistar des Mönches Godescalc, der in Rom im Winter 781 seinen Auftrag erhielt und ihn vor dem Tod der Königin Hildegard am 30. April 783 vollendet hatte, und der Psalter, den ein Priester namens Dagulf schrieb und den Karl der Große Papst Hadrian schenken wollte, ihn jedoch wahrscheinlich deshalb nicht mehr nach Rom gesandt hat, weil der Papst inzwischen gestorben war. Er muß also kurz vor 795, dem Todesjahr des Papstes, gefertigt worden sein. Diese beiden Werke erleichtern es, die erhaltenen Texte in zwei Gruppen einzuteilen, von denen ich die ältere die der Königshandschriften nennen möchte, die jüngere die der Kaiserhandschriften; denn zwischen beiden muß sich jenes große Ereignis in Rom vollzogen haben, das für Karl wie für den ganzen Hof einen Gesinnungswandel bewirkt hat. Man stellte sich höhere Ziele. Es gibt sogar eine Handschrift, das Evangeliar Harley 2788 des Britischen Museums, während dessen Niederschrift mit dem Eintreffen neuer Vorbilder ein höherer Anspruch sich Bahn bricht. Gleichzeitig beobachten wir, wie sich unter der Führung eines Hauptmeisters die Werkstatt zur vollkommenen Gestaltungsfreiheit durchringt.

Die ältere Gruppe der Königshandschriften besteht aus fünf Werken, wenn man das erste und richtungweisende Buch, das Evangelistar des Godescalc hinzurechnet, das eine gewisse Sonderstellung einnimmt. Es folgt ein kleineres, doch besonders kostbar ausgestattetes Evangeliar, das sich ehemals im Kloster Saint-Martin-des-Champs befunden hat und heute in der Bibliothek des Arsenal in Paris liegt. Kurz nach ihm ist ein erster Teil des Evangeliars der Ada in Trier geschrieben worden, mit dem die Reihe jenes monumentale Format aufgreift, das von nun an alle Prachtevangeliare einhalten sollten. An diesen ersten Teil schließt sich der kleine Psalter Dagulfs von ca. 795 an. Nicht viel später ist der einzige Purpurkodex nach dem Evangelistar des Godescalc entstanden, das Evangeliar aus Centula, das immer in diesem Kloster des Angilbert gelegen hat und noch heute in dem benachbarten Abbeville aufbewahrt wird. Es könnte aus Anlaß der Kirchenweihe im Jahr 800 von Karl dem Großen geschenkt worden sein.

Den fünf Königshandschriften muß man die vier Kaiserkodizes gegenüberstellen, wenn hier jenes Londoner Evangeliar, das den Übergang bildet und wahrscheinlich noch vor dem Kodex aus Centula begonnen wurde, zu dieser letzten Gruppe gerechnet werden darf. Die Gruppe besteht aus vier Evangeliaren, die sich nach Format und Gliederung fast wie Schwestern gleichen. Sie sind alle sehr groß, 36 Zentimeter hoch, 27 Zentimeter breit. Sie sind ganz in Gold und in zwei Spalten geschrieben, wobei jede Doppelseite in jedem der vier Bände einen anderen Ornamentrahmen aufweist. Es handelt sich um den Londoner Harleianus 2788, um das Evangeliar, das Ludwig der Fromme 827 dem Kloster Saint-Médard in Soissons schenkte und das uns zugleich neue Fortschritte in der Reinigung der Textfassung bekannt macht, weiterhin den zweiten Teil der Trierer Ada-Handschrift und endlich das Evangeliar aus dem Kloster Lorsch, das ein eigentümliches Geschick hatte. Es befand sich im frühen 17. Jahrhundert in der Bibliothek des Heidelberger Schlosses, der berühmten Palatina, wurde nach der Eroberung der Stadt durch Tilly dem Papst Urban VIII. mit dieser ganzen unschätzbaren Bücherei geschenkt, doch zu einem Teil in Rom veruntreut und kam so zur Hälfte nach Rumänien in die Bibliothek von Alba Julia, blieb zur Hälfte im Vatikan, während die gleich kostbaren Elfenbeindeckel in Rom und in London ihre Heimat fanden. Diese vier Teile waren nach Jahrhunderten auf der Aachener Ausstellung zum erstenmal wieder vereint. Dieses letzte Buch, das, soweit wir sehen, von Karl dem Großen in Auftrag gegeben worden ist, hat auch den größten Einfluß auf die spätere mittelalterliche Buchmalerei ausgeübt. Mehrmals wurden seine Miniaturen im späten 10. Jahrhundert kopiert.

Neben der Reihe der großen Evangeliare nimmt der kleine, überaus kostbare Psalter für Papst Hadrian als ein frühes, höfisches Fürstengeschenk ebenso eine Sonderstellung ein wie der erste Buchauftrag Karls des Großen, das Godescalc-Evangelistar. Dieses «Évangélaire de Charlemagne», wie es in Frankreich heißt, bildet zwar die Voraussetzung der späteren «Hofschule», gehört ihr aber im strengen Sinne noch nicht an. Karl hat es im Winter 780/81 in Rom in Auftrag gegeben. Es war der gleiche Winter, in dem die erste mittelalterliche Königskrönung durch einen Papst in Rom stattgefunden hat, die uns zum erstenmal überhaupt karolingische Prinzen, Pippin und Ludwig, unter der Krone schreitend zeigt. Karl muß damals ein kostbarer römischer Kodex überreicht worden sein. Dieses Geschenk mag ihn bewogen haben, Gleichwertiges auch selbst in Auftrag zu geben. Es ist bezeichnend, daß ihm dafür kein italischer Schreiber oder Maler in Rom zur Verfügung gestanden hat. Er mußte einen Mönch aus seinem Gefolge, wohl doch einen Franken, auswählen. Es galt, sechs große, ganzseitige Miniaturen zu schaffen, den thronenden Christus, den Lebensbrunnen und die vier Evangelisten, und der Mönch hat sich vor allem an den beiden ersten Aufgaben in einzigartiger Weise bewährt, wenngleich er vieles mißverstand. Schriftzüge und Initialseiten hat er nicht aus seiner Vorlage kopiert. Die Kaligraphie mußten Mönche jahrelang geübt haben, ehe sie von ihrem Abt für einen königlichen Auftrag freigestellt werden konnten. Diese Initialseiten erwuchsen aus der angelsächsischen Tradition. Damit war das Programm der Hofschule festgelegt. Alle Bücher des Skriptoriums stellen Synthesen zwischen insularen und italischen Elementen dar. Dies ist ihr Kennzeichen; hierin spiegelt sich die Kultursituation des Hofes;

Lebensbrunnen. Evangelistar des Godescalc, 781.
Paris, Bibliothèque Nationale

damit öffnete sich der eigenen Schöpferkraft ein weites Feld der Betätigung und der Bestätigung. Man darf annehmen, daß alles Insulare ihnen als Schulgut vertraut gewesen ist, während ihnen das Italische, gleichgültig, ob es aus den byzantinischen Provinzen oder noch aus dem spätantiken Rom oder Mailand gestammt hat, durch Vorlagen bekannt gemacht wurde, die Karl geschenkt erhielt. Im Verlauf der Entwicklung lernte man diese Vorbilder immer besser verstehen. Man lernte die Antike sehen, Raum und Körper, Perspektive und plastisches Volumen kennzeichnen. Doch ist uns keine Handschrift und auch kein Fragment einer Handschrift bekannt, die damals in Rom

Kanontafel aus dem Evangeliar der «Ada».
Hofschule Karls des Großen, um 795. Trier, Stadtbibliothek

oder Aachen das Vorbild der Hofmaler gewesen ist. Nichts hat sich
erhalten, wo doch die Werke des Skriptoriums wie Reliquien mit
allergrößter Sorgfalt aufbewahrt wurden.

Die Reihenfolge, in der die Prachtkodizes nach dem Evangelistar
des Godescalc entstanden sind, ist nach Wilhelm Köhlers Werk nie
mehr bestritten worden. Sie war ihm eine so augenfällige, daß er auf
jede Begründung verzichten konnte. Ebenso augenfällig ist das Be-
streben, insulares Schulgut mit italischen Vorbildern zu vereinen.
Alle Handschriften sind mit größtem Aufwand ausgestattet worden.
Das Evangelistar des Godescalc verfügt, wie wir hörten, neben einer

*Kanontafel des Evangeliars aus Saint-Médard in Soissons. Hof-
schule Karls des Großen, um 805. Paris, Bibliothèque Nationale*

Folge von Initialen über sechs ganzseitige Miniaturen, die vier Evangelisten und die beiden Bilder mit der Christusikone und dem Lebensbrunnen. Bedenkt man, daß in allen anderen Handschriften zusammen nur noch vier solche vom eigentlichen Text unabhängige Bilder
vorkommen, zwei in der Handschrift aus Soissons und zwei in jener
aus Lorsch, so wird man sich des Wertes dieser Bildprägungen bewußt. Fünf der Evangeliare neben dem Evangelistar haben die vier
Evangelistenbildnisse erhalten. Wir überschauen also die stattliche
Reihe von 24 Evangelistendarstellungen, von denen viele auf dieselbe
Vorlage zurückgehen und doch unterschiedlich gestaltet wurden. Man

besaß oder gewann den Mut zur Variation. Allen sechs Evangeliaren ist die schöne Säulenarchitektur der Kanontafeln vorangestellt. Die Handschrift der Arsenal-Bibliothek besitzt sechzehn, die Ada-Handschrift zehn, das Evangeliar aus Centula vierzehn, jenes aus London elf und die Evangeliare aus Soissons und Lorsch je zwölf. Ihnen haben die Meister die größte Aufmerksamkeit zugewandt. Auch ist diese Reihe eine so große und zugleich in ihren wesentlichen Bestandteilen eine so einheitliche, daß man bei ihrer Betrachtung am deutlichsten sowohl den Gang der Entwicklung als auch die schöpferischen Neuerungen erfassen kann. Einen vergleichbaren Wert für die Kenntnis der Arbeitsweise des Skriptoriums besitzen die großen Initialseiten, die jeweils den Evangelistenbildern gegenüberstehen und die noch durch eine kleinere Gruppe von Titelblättern vermehrt werden.

Die erste Kaiserhandschrift ist das Londoner Evangeliar Harley 2788 des Britischen Museums. Man kann sich des Eindrucks nicht erwehren, daß in der machtvollen Schwere der Säulen und Arkaden seiner Kanontafeln etwas von dem Geist hervortritt, der auch den Baumeister der Kirche bewegte. Erst jetzt hatten diese Maler wieder römische Marmor- und Porphyrsäulen vor Augen. Die Entwicklung wird anschaulich, wenn man die Kanontafeln der Ada-Handschrift von etwa 796 mit jenen des Evangeliars aus Saint-Médard in Soissons vergleicht. Dort sind die Säulen noch ein reines Ornament, prächtig dank ihrer Ausstattung mit Gold und Zinnoberrot, doch ganz flach, ohne Gewicht, römische Architektur, die das germanische Formgefühl in die Fläche projiziert hat. Das Evangeliar von Soissons hingegen, das nach der Kaiserkrönung gegen 805 entstanden sein dürfte, vereinigt in seinen Kanontafeln vergleichbar den Spolien in einer frühchristlichen Kirche römische Säulen ganz verschiedener Form und Ausstattung, die der Maler naturgetreu abzeichnet und als plastische Körper versteht. Hier werden Architekturformen nicht mehr als Ornamente, vielmehr als Bauteile gesehen. Zwischen den Kanontafeln der Ada-Handschrift und jenen des Evangeliars aus Soissons vollzieht sich der Wandel von den Königshandschriften zu den Kaiserhandschriften. Und doch zeigt gerade der Christus im Bogenfeld dieser plastischen Kanontafel, daß die karolingischen Maler auch aus Eigenem zu gestalten gelernt haben. Dieser Christus schreitet wie ein Sieger auf den Betrachter zu, das Kreuz geschultert wie ein Krieger auf dem Marsch seine Lanze und das Buch in der Linken. Engel haben sich zur Erde geneigt, um ihn mit dem Himmelsrund zu tragen.

Die Einsicht, daß die Eigenleistung der Maler im besseren Verständnis der antiken Vorlagen von Handschrift zu Handschrift zu suchen ist, welches sie in wachsendem Ausmaße dazu befähigt hat,

Liber Generationis: Beginn des Matthäus-Evange-
liums. Evangeliar aus Lorsch. Hofschule Karls des
Großen, um 810. Alba Julia, Batthyáneum

sich überlieferter Motive mit so großer Freiheit zu bedienen, daß sie
ganz den Geist und die Form der eigenen Zeit annehmen, vermag die
Frage nach dem Schöpferischen dieser Meister zu beantworten. Antike
hat sie die Kunst gelehrt, die Erkenntnis der Gesetze der Kunst sie
zur Freiheit ermutigt. Läßt sich aus der Betrachtung der Initialseiten,
der Evangelistenbilder und der letzten der großen Kompositionen
diese Erkenntnis bestätigen?

Die beiden Bilder, die wir als Evangelienanfänge des letzten Evangeliars ausgewählt haben, veranschaulichen, daß sich jetzt die Meister
souverän ganz verschiedener Formensprachen wechselweise bedienen
konnten. Der Anfang zu Matthäus, das große «Liber Generationis»,
bildet die an Motiven reichste Zierseite dieser Reihe. Das Abbild einer
Goldschmiedearbeit mit Perlen, Edelsteinen und eingesetzten Gemmen, das insulare Schlüsselbartmuster, der Mäander, mittelmeerische
Perspektivornamente, das vielfarbige Schuppenband und das Palmet-

Beginn des Johannes-Evangeliums. Evangeliar
aus Lorsch. Hofschule Karls des Großen,
um 810. Rom, Biblioteca Vaticana

tenkreuz werden aufgeboten, um den Rahmen auszugestalten. Doch
fesseln das Auge mehr als alle Muster das große L und das große I,
deren Enden der Kalligraph mit so sicher gezogenen und reichen Ge-
flechten ausgestattet hat. Ihre Größe und Klarheit, ihre symmetrische
Anordnung und Dichte sind bewundernswert. Das steht, hält sich
und klingt auf, wird zum Zeichen, zum Sinnbild, zum liturgischen
Ton. Man vergißt es nicht mehr. Es könnte derselbe Maler gewesen
sein, der sich bei dem Anfang des Johannes-Evangeliums mit so einfachen roten Lettern auf goldenem Grund begnügte, als solle er sie
in Stein meißeln. Man kann nicht entscheiden, welche der beiden
Seiten die feierlichere ist. Wie der Meister wohl gleich gut Lateinisch
und Fränkisch gesprochen hat, konnte er auch gleich gut römisch und
germanisch malen.

Doch mit der Einsicht, daß dies alles in Aachen vereinigt wurde, ist
das Karolingische noch nicht erkannt. Den jungen Stil bestimmt eine

veränderte Auffassung von der menschlichen Gestalt. Diese Körper sind weich und schwer, mächtig und doch zart. Die Hände und ihre Finger wurden ohne Verständnis für ihren Bau geformt; die Köpfe sind rund, die Augen groß, zugleich von breiten, oft dunklen Lidern beschattet. Die überreiche Gewandung versucht den Körper abzuformen, doch es gelingt ihr schlecht. Auch sie hat ihr Eigenleben, wie alle Würdezeichen des Hintergrunds ein Eigenleben besitzen. Sie

Markus. Evangeliar der Ada. Hofschule Karls des Großen, um 804.
Trier, Stadtbibliothek

verbinden sich zu einer Szene. Schrittweise hat sich die Werkstatt dem Verständnis antiker Räumlichkeit und Körperlichkeit genähert. Doch je genauer sie die Einzelheiten erkannte, desto mehr veränderte sich ihr Blick für das Ganze. Wie Gemmen und Edelsteine auf einem reichen Buchdeckel sich zu neuen Mustern vereinen, so verbinden sich hier spätantike Elemente zu einer mittelalterlichen Komposition. Eine neue Feierlichkeit und ein neuer ornamentaler Glanz zeichnen die Blätter aus. Die Gestalten sind zugleich schwer und der Erde entrückt. An der Stelle der natürlichen Würde, des monumentalen Auftritts steht hier ein Sakral-Repräsentatives und Gewaltiges, das dem Kaiserhof jene naive Festlichkeit verleiht, die ihm eigen war.

Die Aufmerksamkeit, die ein moderner Betrachter den Miniaturen zuwendet, könnte davon ablenken, daß für das Skriptorium selbst die heiligen Texte im Mittelpunkt der Anstrengungen gestanden haben. Alle diese Texte wurden ganz in Gold auf Pergamentblätter geschrieben, von denen jedes einzelne in wochenlanger Arbeit glattgeschliffen worden ist. Neben der neuen, edlen karolingischen Minuskel bediente man sich vor allem der feierlichen Unzialis, die alle Mitarbeiter so sauber zu malen gelernt hatten, daß man ihre Hände kaum mehr unterscheiden kann. In den Kaiserhandschriften erhielt jede Doppel-

Schriftseite des Lukas-Evangeliums. Evangeliar aus Lorsch, um 810. Rom, Biblioteca Vaticana

Matthäus. Krönungs-Evangeliar der Deutschen Reichsinsignien.
Aachen, um 800. Wien, Weltliche Schatzkammer der Hofburg

seite einen anderen Ornamentrahmen. Die Motive dieser Ornamentik
wurden aus allen Bereichen des Kunsthandwerks zusammengetragen,
aus der Textilweberei, der Goldschmiedekunst, antiken Metallrah-
men, dem Gemmenschnitt, angelsächsischen und irischen Profan-
und Sakralwerken. Es gibt germanisches, keltisches, mittelmeerisches,
orientalisches Ornamentgut, das hier Wiederverwendung fand. Bei
der letzten Handschrift, dem Lorscher Kodex, wußte die Werkstätte
ihre Kräfte so einzuteilen, daß von Anfang bis Ende der ornamentale
Reichtum nicht abgenommen hat. Man hatte offenbar viele Schreiber

Kanontafel des Schatz-
kammer-Evangeliars.
Aachen, Anfang des
9. Jahrhunderts.
Aachen, Dom,
Schatzkammer

und Maler gleichzeitig eingesetzt, denen das Haupt der Werkstatt gleichmäßig die Motive zuteilte, die der einzelne benutzen durfte. Eingeschlossen und eingeordnet in diese goldenen Seiten, gewinnen die Bilder und ihre Farben erst den angemessenen Hintergrund.

Einen Fremden hat Wilhelm Köhler den Meister genannt, der mit wenigen Gehilfen kurz vor 800 aus Italien an den Hof nach Aachen gezogen ist und das Krönungs-Evangeliar aus Wien geschaffen hat. Textvergleiche lassen keinen Zweifel über den Ort und den Zeitpunkt aufkommen, denen dieses schönste Werk zuzuordnen ist; der Stil der Evangelistenbildnisse und der Kanontafeln ebensowenig über jenen Bereich, in dem wir seine künstlerische Heimat zu suchen haben: das griechische Italien. Im Gegensatz zu den Künstlern des Aachener Skriptoriums war diesen Malern alles Angelsächsische, ja alles Germanische fremd. Nur zu wenigen kleinen unantikisch verzierten Initialen haben sie sich im Norden dennoch bereit finden müssen, wobei sie in den älteren Hofhandschriften ihre Vorbilder gesucht haben. Die Monumentalität der Gestalten läßt es möglich erscheinen, daß sie auch Wandbilder schufen. Die Überlieferung des illusionistischen Stils der hellenistischen Spätantike war ihnen genau bekannt. Qualitätsunterschiede zwischen den Evangelisten unterrichten darüber, daß es mindestens zwei Maler gewesen sind, die an diesem Hauptwerk

134

Die vier Evangelisten, Schatzkammer-Evangeliar.
Aachen, Dom, Schatzkammer

Kanontafel des Krönungs-Evangeliars der Deutschen Reichsinsignien. Aachen, um 800. Wien, Weltliche Schatzkammer der Hofburg

gearbeitet haben. Vielleicht sind sie nur einen Sommer, vielleicht ein Jahr in Aachen geblieben und wieder zurückgekehrt.

Rund ein Jahrzehnt später, möglicherweise erst unter Ludwig dem Frommen, zogen aus der gleichen Stadt oder Werkstatt andere, jüngere Künstler nach Aachen und schufen drei weitere Evangeliare: die Bücher der Aachener Schatzkammer, des Xantener Domstiftes, das nach Brüssel kam, und der Bibliothek in Brescia, das wohl schon einem der in Italien residierenden Karolingerfürsten gehörte. Das Aachener Buch hat außer der prächtigen Kanontafel mit den gedrungenen Säulen eines frühen griechischen Tempels nur eine Miniatur, auf der die vier Evangelisten gemeinsam in der Landschaft schreiben.

Kanontafeln und Miniaturen lassen auf den ersten Blick erkennen, daß diese Kunst aus einer anderen Welt als die Werke des Hofskriptoriums, ja aller älteren karolingischen Schreibstuben stammt. Auch für Italien oder Konstantinopel hat sich nichts Vergleichbares erhalten, und das kann kein Zufall sein. Von dem Genie, das die herrlichen Evangelisten malte, besitzen wir kein einziges anderes Werk. Die Tatsache, daß sie, aber nur sie, später in Reims und am Hofe

Karls des Kahlen nachgeahmt worden sind, macht es wahrscheinlich, daß wenigstens im Norden auch nur dieses eine Hauptwerk entstanden ist. In jener armen und vielfach verwundeten Welt fanden die fremden Meister nur am Kaiserhof noch Gelegenheit, ein verdecktes Feuer anzufachen.

Diese Männer haben sich als Römer gefühlt, so wie die byzantinischen Kaiser sich Römer nannten, selbstbewußte Erben und Verwalter der antiken Größe. Alles Mittelalterliche war ihnen fremd. Die Maler, welche die Wiener, Aachener, Brescianer Kanontafeln geschaffen haben, mußten jene der Ada-Handschrift ablehnen. Sie konnten nur die klaren, festen, ruhigen Architekturen anerkennen, die Giebel des klassischen Tempels, das reichverzierte und schwere Gebälk, knapp behauene Basen und Kapitelle, rein geschliffene und glänzende Säulenschäfte. Der Meister der Aachener Miniatur zeigt die vier Evangelisten zusammen mit ihren Sinnbildern und Schreibwerkzeugen in einer steil ansteigenden Hügellandschaft; der lichte Himmel wird am obersten Rand eben noch sichtbar. Er muß eine Vorlage gekannt haben, die noch älteres Kunstgut festhielt als alle anderen und auf der die vier Gestalten noch vereinigt waren, nicht feierlich-repräsentativ getrennt, mehr Autoren als Heilige.

Merkwürdig bleibt, daß aus der gleichen Kunstprovinz des von Byzanz beherrschten Italien im Abstand von vielleicht zehn, vielleicht auch noch mehr Jahren verschiedene Künstler nach Aachen gekommen sind, die im gleichen Stil, der illusionistischen Sprache des Hellenismus, sehr unterschiedliche Werke geschaffen haben. Nur der älteste unter ihnen liebte und kannte das Monumentale. Merkwürdig ist auch, daß die Werke des ältesten, nicht jene der jüngeren, unter Ludwig dem Frommen in Reims nachgeahmt worden sind. Gehörten sie schon zum Programm, das eine Gruppe am Hofe allein für den Kaiser angemessen hielt, so sehen wir eben diese Gruppe unter Ludwig dem Frommen so sehr die Oberhand gewinnen, daß man die älteren Werke des Hofskriptoriums fast nur in den neuen Klöstern des Ostens, nicht in den älteren im lateinischen Westen noch nachahmen wollte. Man hatte gelernt, auch die Vorbilder auszuwählen, und dabei den älteren «griechischen» vor den jüngeren italischen den Vorzug gegeben.

Der Macht Karls des Großen muß der Umfang der Schätze entsprochen haben, die er im Laufe seines Lebens angesammelt und zuletzt in Aachen vereinigt hatte. Schätze waren für jedes archaische Fürstentum zugleich Sinnbilder des Ranges. Die Fülle einer großen Persönlichkeit suchte ihr Spiegelbild in einem Schatz, für den sie Geschenke entgegennahm, aus dem sie verschwenderisch gab und den sie den staunenden Gesandten zeigte. Dem König Geschenke zu bringen war Ehre, Pflicht und Zeichen der Huldigung, sie zu empfangen höchste Auszeichnung.

Die Germanenfürsten der Völkerwanderungszeit haben den Wert des Geldes nicht erkannt, doch liebten sie das Gold. Zum Fürstenglanz gehörte der Schatz, der Hort: Waffen in unbegrenzter Fülle, Silber- und Goldschalen, Ringe, Armbänder, Fibeln, kostbare Seiden, eine große Kleiderkammer, Pelze, Goldstücke aus allen Kulturen, Silberbarren, Reliquien in reichster Fassung. Es kam auf die Menge, die Vielfalt, das Außerordentliche an. Am Überfluß bekundete sich der Erfolg.

Die Fürsten und Großen des Zeitalters verkehrten miteinander mittels Tributen und Geschenken. Das Seltene, Kunstreiche und Kostbare sollte den Rang des Gebers anzeigen. Wir wissen über eine Reihe von solchen «Königsgaben» und Gesandtengeschenken aus den Quellen genau Bescheid, unter denen der Elefant Abulabaz, Harun al-Raschid durch den Juden Isaak 802 überbringen ließ, in den Augen des Zeitalters sicher das wertvollste war. Wie schon im alten Rom und in Byzanz, so sollten auch später im Mittelalter seltene fremdländische Tiere zum Gefolge des Königsaufzugs gehören.

Auf allen seinen Kriegszügen suchte Karl Schätze zu erbeuten. Der ferne, unbekannte, verborgene Hort bildete oft einen wesentlichen Anlaß für diese Kriege selbst. Dem Raub haftete noch der Charakter einer Trophäe an, welche die Macht des Siegers demonstrierte. Von der Eroberung der Eresburg und der Zerstörung des Sachsenheiligtums der Irminsul brachte Karl einen Schatz an Beutegold und Silber mit. Aus Pavia führte er zusammen mit dem König Desiderius, seiner Frau und Tochter den ganzen Schatz des Palastes in das Frankenreich ab. Wir dürfen annehmen, daß aus der Lombardei, aus den griechischen Städten der größte Teil des karolingischen Antikenbesitzes gekommen ist, sicher auch vieles, was erst die Langobarden eigenen wie griechischen Goldschmieden in Auftrag gegeben haben. Auch von dem Araberfeldzug 778 soll Karl mit guter Beute heimgekommen sein. Der spätere Sachsenkrieg, die Feldzüge gegen Slawen, Dänen, Bretonen können nicht viel Kulturgut erbracht haben. Die Beute wird vor allem aus Sklavinnen, Pferden, Vieh bestanden haben. Noch ehe er 788 Tassilo in Ingelheim verurteilte, ließ Karl dessen Schatz aus Regensburg kommen. Bei den Verhandlungen mit den Fürsten von Benevent spielte die Höhe der Tributzahlungen eine entscheidende Rolle. Ungeheuer, wie wir hörten, war der Gewinn aus dem Awarenkrieg. Dieses Reitervolk hatte seit Jahrhunderten den Ertrag seiner Raubzüge in dem großen Ring des Kagan zusammengetragen, und Pippin konnte seinem Vater 796, nachdem das Heer entlohnt war, noch sechzehn Ochsenkarren mit Edelmetallwerken nach Aachen schicken. Für kurze Zeit glaubte sich in diesem geldarmen Jahrhundert der Hof unbegrenzt reich. Karls Schatz bestand mit Sicherheit in der Hauptsache aus gemünztem byzantinischem Gold, das in Jahrzehnten der Tributzahlungen zusammengekommen war. Karl mag in ihm ebenso die seltensten und kostbarsten Waffen bewundert haben. Dem englischen König schenkte er aus ihm einen Harnisch und einen Säbel. Dem neuen Kaisertum sind dann nach 800 noch weitere Schätze in Form von Tributzahlungen aus allen Grenzbereichen zugeflossen.

Je höher Karls Ansehen stieg, um so kostbarer waren die Gaben, welche die Großen des Reiches, fremde Gesandte, befreundete Fürsten ihm übergaben. Der Papst, die Bischöfe und Äbte überbrachten Raritäten. Auch ein fränkischer Abt des Klosters am Ölberg vor Jerusalem sandte Gaben. Von den arabischen Fürsten kamen Gewänder, Seiden, Zelte, Teppiche, Waffen, Duftstoffe. Schon Pippin hatte aus Byzanz jene vielbestaunte Orgel erhalten, die jener ähnlich gewesen

Orgelspieler des großen Alleluja am Schluß des Utrecht-Psalters.
Reims, um 823. Utrecht, Universitätsbibliothek

sein mag, die der Utrecht-Psalter abbildet. Unter den Geschenken, die Karl aus der Hauptstadt des Ostens erhielt, wurde ein Zelt aus feinstem farbigem Leinen und seine verschiedenfarbigen Vorhänge ebenso bestaunt wie ein *kunstvoll aus Messing gearbeitetes Uhrwerk ... mit zwölf Reitern, die am Ende der Stunden aus zwölf Fenstern herauskamen und durch ihre Bewegung ebenso viele zuvor offenstehende Fenster schlossen.* Aus Byzanz stammten wohl auch die drei silbernen und der goldene Tisch, die Einhard aus Karls Nachlaß nennt. Auf den silbernen Tischen waren der Plan Roms, Konstantinopels und eine Weltkarte in *genauer und feiner Zeichnung* eingraviert. Durch Theodulf von Orléans haben wir Kenntnis von zwei weiteren Silbertischen, deren einer die sieben freien Künste als die Äste eines Baumes dargestellt zeigte, dessen Stamm Sophia, die göttliche Weisheit, bildete, während der zweite Tisch Tellus, die Erde, mit einer Mauerkrone zeigte, von Oceanus umschlossen. Es ist durchaus denkbar, daß es spätantike Originale neben byzantinischen Neuschöpfungen gewesen sind, die Karl für seinen Schatz erwerben konnte. Einhard hebt sowohl den Reichtum der geistlichen wie der weltlichen Kleiderkammer hervor. *Heilige Gefäße aus Gold und Silber sowie priesterliche Gewänder ließ er in solcher Menge anschaffen, daß nicht einmal die Türsteher, die doch die untersten kirchlichen Grade bilden, beim Gottesdienst in ihrer gewöhnlichen Kleidung zu erscheinen brauchten.* Besonders wird im Testament Karls, welches Einhard uns überliefert, vermerkt, daß jenem Drittel, das den Armen bestimmt war, das gesamte Hausgerät beigegeben werden sollte, darunter *Vorhänge, Decken, Teppiche, Filz- und Lederwerk, Mantelsäcke.*

Von der Vielfalt der Gegenstände kann man eine schwache Vorstellung aus dem Testament des Markgrafen Eberhard von Friaul und seiner Gemahlin Gisla von 872 gewinnen, die eine Schwester Karls des Kahlen war und in deren Besitz sich einiges aus dem Karolingerschatz gesammelt haben mag. Faßt man nur das Wertvollste unter den zahlreichen Gegenständen heraus, das beide ihren sieben Kindern vermachten, so ergibt sich, daß dieser Schatz neben einer reichen Bibliothek, goldenen und elfenbeinernen Altargeräten für jeden der vier Söhne mindestens eine Rüstung und ein Schwert mit goldverziertem Knauf und Griff, einen Dolch mit Gold und Gemmen, auch Gürtel und Sporen aus Gold und Edelsteinen, Helme, Panzer, Handschuhe, Beinschienen, dazu goldene, silberne und elfenbeinerne Becher, Gewänder aus Goldfaden, Mäntel mit goldenen Fibeln enthielt. Silberne Löffel und Schalen, ein Trinkgefäß aus Marmor, das in Gold und Silber gefaßt war, goldene Armreifen, Kristallarbeiten, Seidenstoffe, ein Kokosnußreliquiar zeigen an, daß auch in diesem Schatz

Helm aus dem Grab eines fränkischen Herrn.
Anfang des 6. Jahrhunderts. Krefeld, Landesmuseum

Werke aus vielen Kulturbereichen und Jahrhunderten zusammengekommen sind. Man darf sie sich ähnlich vorstellen wie jene Helme, Schwerter, Dolche, Fibeln, die aus fränkischen und langobardischen Grabfunden uns überkommen sind, wenn immer diese auch einer älteren Kulturschicht angehören.

Wahrscheinlich ist es Einhard selbst gewesen, der die Bestimmungen des Testaments im einzelnen ausgearbeitet hat. Zu seinen Aufgaben als «Kunst-Intendant» mag es auch gehört haben, den Schatz durch neue kostbare Werke zu ergänzen. Entsprach es dem Tugendkanon eines Germanenkönigs, daß Karl sein Leben lang reichlich aus der unübersehbaren, barbarischen Fülle ausgeteilt hat, so kennzeichnet es die christliche Haltung des alternden Kaisers, daß er nunmehr fast alles unter die Erzbistümer seines Reiches und die Armen an seinem Hofe aufteilen lassen wollte. Fast nichts blieb der Krone, dem Staat erhalten. Weder das gemünzte noch das ungemünzte Gold und Silber war in den Augen Karls eine Quelle der staatlichen Macht, die seinem Nachfolger die politischen Aufgaben hätte erleichtern können. Selbst die Bibliothek wurde verkauft. Allein die Hofkapelle durfte ihre Besitztümer behalten. Um seinen Nachfolgern den Zugriff völlig unmöglich zu machen, ließ er das Testament von den 30 mächtigsten unter den anwesenden Großen seines Hofes unterschreiben, elf Bischöfen, vier Äbten, fünfzehn Grafen, gleich vielen weltlichen wie geistlichen Herren. Schon zuvor hatte Karl immer wieder die wichtigsten Kirchen seines Reiches mit Gold- und Silberarbeiten ausgestattet, allen voran die vier großen römischen Basiliken.

Der Bericht über die Schenkungen aus Anlaß der Kaiserkrönung im Jahre 800 läßt keinen Zweifel darüber aufkommen, daß das Ereignis sorgsam vorbereitet wurde und von dem Kaiser durch eine Demonstration seines Vermögens und seiner Freigebigkeit hervorgehoben werden sollte. Der «Liber Pontificalis» zählt die Werke auf, die die Peterskirche, San Paolo fuori le mura, die Lateranbasilika und Santa Maria Maggiore bekommen haben. Darunter sind silberne Tische, Goldkronen mit Edelsteinen, Kelche, Patenen, Kreuze, ein Tragziborium mit silbernen Säulen, ein Evangelienbuch mit goldenem Deckel, wobei der Chronist ebenso die Reinheit der Metalle wie die Größe der Steine hervorgehoben hat.

Abgesehen von den liturgischen Büchern, einigen Texten der Bibliothek, den Elfenbeinen und Bronzen, von denen gesprochen wurde, sind es verschwindend wenig Gegenstände, die aus Karls Schatz erhalten blieben. Aus der gesamten Awarenbeute kennen wir nur ein einziges Stück, von dem mit einiger Wahrscheinlichkeit angenommen werden kann, daß in ihm Teile eines Goldschmiedewerkes der Steppenkunst einmontiert wurden: die Kanne Karls des Großen in Saint-Maurice d'Agaune im Wallis. Vielleicht ist die Burse aus Enger und eine ähnliche im Domschatz von Monza in einer der Hofwerkstätten oder im Auftrag Karls des Großen im letzten Viertel des 8. Jahrhunderts geschaffen worden. Jedenfalls veranschaulicht sie am besten die kirchliche Goldschmiedekunst der ersten Epoche seiner Regierungszeit, und auch die Wiederbenutzung antiker Gemmen ist für die Hofkunst ein Kennzeichen. Von den Arbeiten, die Einhard den Hofgoldschmieden in Auftrag gegeben hat, ist uns nur eine in einer Nachzeichnung erhalten, der Triumphbogen, der einmal ein Kreuz getragen hat, und dieses ist mit Sicherheit erst nach Karls Tod entstanden. Aus dem reichen Schatz an Reliquienbehältern der Pfalzkapelle könnte die Stephansburse noch auf die Zeit Karls des Großen zurückgehen. Die Überfülle an Edelsteinen in schlichter Fassung an der Stirnseite ebenso wie die feinen, mit Stempeln ins Goldblech geprägten figürlichen Darstellungen an den Schmalseiten, ganz ähnlich denen auf den gemalten Gemmen in den Rahmenmustern der Prachtkodizes des Hofes, sprechen für eine frühe Entstehung. Wenngleich unsere Kenntnisse der Goldschmiedekunst am Hofe Karls des Großen nicht ausreichen, um eine genaue Bestimmung zu begründen, so besteht doch kein Anlaß, daran zu zweifeln, daß der berühmte Talisman, der heute eine Reliquie des heiligen Kreuzes birgt, von ihm selbst getragen und wohl auch mit in das Grab genommen wurde. Man nimmt an, daß von den zahlreichen kostbaren Kreuzen, die Karl nachweislich für Kirchen in vielen Teilen des Reiches gestiftet hat, jenes für Saint-Denis uns wenigstens in einer Abbildung auf einem Gemälde des 15. Jahrhunderts überliefert ist. Es schmückt ein Goldretabel, von dem mit überzeugenden Gründen angenommen wird, daß Karl der Kahle es gestiftet hat. Auch der sogenannte «Escrain de Charlemagne» ist erst von Karl dem Kahlen gestiftet worden, und die Annahme, daß wenigstens die Gemme aus dem Besitz des Kaisers stammt, muß Vermutung bleiben. Doch gehört dieser Kopf der Julia, einer Tochter des römischen Kaisers Titus, der im Mittelalter als ein Marienbildnis galt, zu jener sicher nicht ganz kleinen Anzahl von Werken der Steinschneidekunst, die wohl immer im kaiserlichen Besitz gewesen sind und auch von den Karolingern zum Kunstornat des Kaisers gerechnet wurden. Es hat sich zum mindesten noch ein großer Kameo erhalten, der mit hoher Wahrscheinlichkeit aus dem Kaiserschatz stammt. Er schmückt heute den Deckel des «Ada-Evangeliars» von 1499, und man darf annehmen, daß er seinen Vorgänger geziert hat. Dargestellt sind hinter einem Adlerpaar Konstantin mit seiner Mutter Helena, seiner Gattin Fausta, den Söhnen Konstantin II. und Crispus. Man glaubt, daß der spätgotische Goldschmied die Komposition des Deckels mit dem aus den vier Evangelistensymbolen bestehenden Kreuz und mit vier Heiligen von der karolingischen Vorlage übernommen habe. Denn für die karolingische Kunst ist es durchaus denkbar, daß eine antike Kaiserdarstellung die Kreuzesmitte eingenommen hat, so wie in ottonischer Zeit dem Lotharkreuz die Augustusgemme eingefügt worden ist. Wir wissen aus zahlreichen Quellen, daß Karl der Große das Gold und die Edelsteine seines Schatzes zur Herstellung von Kronen, Kreuzen, Altarverkleidungen, die er für Kirchen gestiftet hat, auch für Kelche, Patenen, Weihwassergefäße, Reliquiare zur Verfügung stellte. Aber ebenso wie uns kein einziger der sicher zahlreich vorhandenen Goldeinbände der Hofkapelle erhalten ist und wir auf die späteren Arbeiten der Hofwerkstätten Karls des Kahlen und jene oben genannte Kopie für das

«Ada-Evangeliar» angewiesen sind, um sie uns zu vergegenwärtigen, ist auch keiner der Altäre mit Goldverkleidung auf uns gekommen, die Karl der Große gestiftet hat. Man geht in der Annahme nicht fehl, daß der Schwerpunkt aller Kunstanstrengungen des Hofes und der wichtigsten Kulturzentren des Landes noch mehr als auf kostbaren Büchern auf diesen Goldarbeiten gelegen hat, die rasch den profanen Schmuck an Bedeutung überragten. Indem Karl die Fülle seines Schatzes den Erzbischöfen zur Weiterverteilung auch an die Bischöfe in seinem Testament überließ, beschleunigte er noch die Übertragung der Germanenschätze und des Beutegutes aus der antiken Kultur von den weltlichen in die kirchlichen Schatzkammern, einen Prozeß, der sich durch das ganze Mittelalter fortsetzen sollte. Das kostbare Material selbst und seine Wiederverwendbarkeit ist die Ursache dafür gewesen, daß fast alles vernichtet wurde.

Karls Schatz war einer der bedeutendsten Umschlagplätze für den Wandel von Beutegut zu Kirchenschätzen. Gleich wichtig ist seine Funktion für den Wandel eines Barbarenschatzes als Statussymbol der Unbegrenztheit der Macht und des Besitzes zum Schatz als Bil-

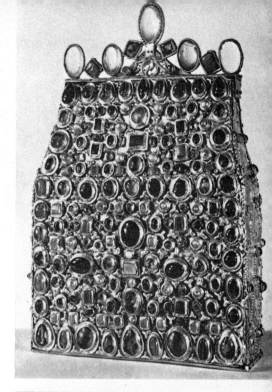

Die Stephansbursa. Hofwerkstatt Karls des Großen. Anfang des 9. Jahrhunderts. Wien, Weltliche Schatzkammer der Hofburg

Talisman Karls des Großen. Aachen, Anfang des 9. Jahrhunderts. Reims, Kathedrale

Antike Gemme mit dem Bildnis der Julia, Tochter des Titus (79–81).
Bekrönung des «Escrain de Charlemagne» aus Saint-Denis.
Bibliothèque Nationale, Paris

dungsgut, ja Bildungsornat. Aus dem Trümmerschutt des Römerreiches hatte man alle kostbaren Antiken aufgesammelt, die durch
ihr Material, ihre Form, ihren Bezug auf den Kult oder das Kaisertum
dem Zeitalter bedeutsam erschienen. Kunstgut, das durch Jahrhunderte unbeachtet geblieben war, gewann die alte Kraft zur Übertragung von Kulturenergien zurück. Der Kaiser, der als Sinnbilder der
Erneuerung Roms Säulen, Marmorplatten, den eigenen Sarkophag,
die Bronzebärin und das Reiterstandbild des Theoderich nach Aachen
kommen ließ, sammelte mit gleichem Eifer Texte, Bücher, Elfenbeine,
Goldschmiedearbeiten, Gemmen, Skulpturen. Jetzt, da die Antiken
vor allem deshalb an Wert zunahmen, weil sie im Dienste der Kai-
sermacht oder der Kirchen gestanden hatten, eröffneten sich neue
Möglichkeiten, den Schatz mit Meisterwerken aller Art anzureichern.
So wurde er zugleich Vorbildersammlung und Kunstschule. Wo im-

mer im Land antikes Kulturgut auftauchte, löste und befreite es die schöpferischen Kräfte. Antike Werke wurden kopiert, montiert, variiert. Wenn man den Aachener Hof während der Jahre von 794 bis 814 das Herz des Reiches genannt hat, so darf man dieses Bild wörtlich verstehen. Kulturströme flossen aus allen Teilen dort zusammen und wurden verwandelt wieder ausgestoßen. Wir können uns diesen Vorgang zwar nur an wenigen Beispielen vergegenwärtigen. Auch hat es noch eine Reihe anderer Zentren gegeben, an denen sich ein ähnlicher Umwandlungsprozeß vollzog. Das Martinskloster Tours, Fulda oder St. Gallen sind Beispiele. Dennoch kann man sagen, daß nördlich der Alpen die wichtigsten Wege von der Antike in das Mittelalter über und durch den Aachener Hof und seine Schatzkammern geführt haben.

Die Pippiniden bieten der Geschichte das großartige Schauspiel des Aufstiegs einer Adelsfamilie zur Macht. Stufenweise sehen wir sie emporsteigen, schrittweise die Merowingerkönige zurückdrängen. Es hat unter ihnen eine Reihe großer Persönlichkeiten gegeben; Pippin der Mittlere, Karl Martell, Pippin der Kurze gehören zu ihnen. Ihre Laufbahn war mehrmals vom Untergang bedroht; die Tatkraft einzelner und glückliche Umstände haben ihre Erfolge begünstigt. Karl der Große selbst war nicht nur die machtvollste, er war auch die glückhafteste Gestalt in dieser Reihe. Bei seinem Tode war das hundertjährige Ringen beendet, das mit dem Regierungsantritt Karl Martells 714 begonnen hatte. Im Innern wie an den Grenzen schienen die Feinde besiegt, die Awaren vernichtet, die Sachsen befriedet, die Slawen verbündet. Mit dem Islam in Spanien wie mit Byzanz hatte man sich arrangieren können. Nur die Bedrohung durch die Normannen blieb bestehen, auch deshalb, weil sie erst in den letzten Lebensjahren des Kaisers deutlich geworden war. Und die Araber beherrschten nach wie vor das Mittelmeer.

Das Reich, das Karl der Große seinem Sohn und Erben und das Ludwig der Fromme 840 ungeschmälert den drei überlebenden seiner vier Söhne hinterließ, war etwa 1 200 000 Quadratkilometer groß. Die offene Ostgrenze erlaubt keine genaue Bestimmung. Zur Berechnung seiner Einwohnerzahl fehlt jede Grundlage. Nehmen wir an, es wären in Austrien und Neustrien etwa vier Millionen gewesen, in Burgund und Aquitanien je eine, in Italien zwei oder drei, in Bayern und Alemannien zusammen ebenso eine wie in Sachsen und Friesland, in Grenzbereichen vielleicht eine weitere, so ergibt das zehn bis zwölf Millionen, rund acht bis zehn Menschen auf den Quadratkilometer. Diese Schätzung ist eher zu hoch als zu niedrig. Die Entfernung von Rom nach Aachen beträgt rund 1150 Kilometer, von Barcelona nach Hamburg 1200 Kilometer, von der spanischen Mark bis zur Ostmark rund 1500 Kilometer. Klimatisch, soziologisch, ethnographisch und kulturell bildete dieser Länderkoloß keine Einheit. Südfranzosen und Sachsen, die Bewohner von Ravenna oder Utrecht, von Rouen oder Salzburg konnten sich damals ebensowenig verstehen wie heute. Man sprach verschiedene Sprachen, lebte nach verschiedenen Sitten, kannte sich nicht, schätzte sich nicht und wußte wenig voneinander. Heere legten kaum mehr als 25 Kilometer am Tag zurück, Boten kaum mehr als 50 Kilometer, Gesandtschaftsreisen dauerten Jahre und Briefe Monate; Kaufleute tauchten selten in den Landgütern und Dörfern auf, Fremde fast nie. Bewegung brachten allein Politik, Krieg oder Flucht. Nur die Großen sehen wir immer wieder unterwegs.

Solange Karl lebte, konnten die Augen aller auf ihn gerichtet verharren. Man wußte: da wirkt in entfremdender Pracht eine Persönlichkeit von ungeheuerem Eigengewicht. Sie hat die Macht der Adelssippen und der Kirche gestärkt, da sie beiden an dem raschen Aufstieg ihren vollen Anteil gab, und sie hat sie zugleich zur Seite geschoben. Karl entschied wohlberaten und allein. Ihm gegenüber erschien jede Unbotmäßigkeit als Torheit. Doch haben wir gesehen, daß die Macht, die seine Gegenwart ausübte, ihm im wachsenden Ausmaße

Das Reich Karls des Großen

den Sinn für die Wirksamkeit seiner Gesetze in der Ferne getrübt hat. Denn weder Vaterlandsliebe noch ein Gemeinschaftsgefühl hielten dieses Reich zusammen. Die kirchliche Organisation bildete ein zu esoterisches Band, um damit den Staat zusammenzubinden. Und während die lateinische Hochkultur die Einheit unter den Eliten förderte, lebten sich die Völker auseinander.

Ludwig der Fromme übernahm aus den Händen seines Vaters ein Reich, das sich nicht verwalten ließ, eine Idee, die nicht zu verwirklichen war, und ein Kulturprogramm, welches das Zeitalter überfordert hat. Er war von herkulischem Körperbau und von den besten Vorsätzen beseelt, aber er verstand nicht, seine Macht auszuüben. Zu keinem Zeitpunkt seiner Regierung (813–840) wußte er die politische Lage richtig zu beurteilen. Man war dem jungen Kaiser, der sich als Kriegsheld gegen die Araber und als Förderer des Klosterwesens hervorgetan hatte, mit den größten Erwartungen entgegengekommen. Er konnte als ein vom Papst gesalbter König, als Träger des Königsnamens der Merowinger, als einziger rechtmäßiger Erbe des Kaisers auftreten, dessen Bild sich schon zum Mythos zu wandeln begann. Die Kirche hatte seine Frömmigkeit, der Adel seine persönliche Tapferkeit, das Volk seine Freigebigkeit bewundert. Seine ersten Aachener Jahre müssen von einem hohen Optimismus durchdrungen gewesen sein. Seit 814 stand ihm als wichtigster Berater der «Reichsabt» Benedikt von Aniane zur Seite, den er aus seinem Königreich Aquitanien mit an den Hof genommen hatte. Verglichen mit Alkuin, dessen Stellung er bald einnahm, war er mehr ein Asket und Erzieher als ein Lehrer und Gelehrter. Von 816 bis 819 folgten einander die Synoden, welche die Reform der Klöster und Bischofssitze zum Ziele hatten. Schon 817 glaubte der junge Kaiser, für seine Erbfolge die Entscheidung vorwegnehmen zu müssen. Erneut, wie 806 unter Karl, ging es darum, einen Kompromiß zwischen dem fränkischen Erbrecht und der Forderung namentlich des hohen Klerus zu finden, dem Reich die Einheit zu bewahren. In der *Ordinatio Imperii* dieses Jahres ernannte Ludwig seinen ältesten Sohn Lothar zum Kaiser und übergab ihm die Mitherrschaft in allen fränkischen Ländern, auch in Burgund und Sachsen. Ludwig der Deutsche erhielt nur Bayern, Pippin nur Aquitanien, und der Neffe Bernhard sollte Unterkönig von Italien bleiben. Ludwig der Fromme konnte in diesem Jahr getrost seine große Herbstjagd abhalten, die er auch in den späteren Notjahren fast nie ausgelassen hat.

In Italien regten sich gegen diese Entscheidung bald Widerstände. König Bernhard wurde nach einem Aufstandsversuch 818 so roh geblendet, daß er drei Tage darauf starb. Ludwig der Fromme verlor aus Reue darüber die Sicherheit über den Weg, den er einschlagen sollte. Mußte er die Einheit des Reiches weiterhin durch Bluturteile in der eigenen Familie erkaufen? Sollte er dem Wunsch eines jeden der Söhne nach einem eigenen Herrschaftsbereich auf Kosten des Ganzen nachkommen? Die Lösung dieser Frage wurde durch die Tatsache erschwert, daß unter den Heranwachsenden bald keiner mehr war, der sich mit dem zugewiesenen Erbteil zufriedengab. Sie entwickelte sich zur Krise, als Ludwig auch für seinen vierten Sohn, Karl den Kahlen, den ihm die zweite, energische und schöne Gattin Judith 823 geboren hatte, aus dem Erbe Lothars einen Teil herauslösen wollte. Ludwig sah sich gedrängt, in diesem Konflikt eine Lösung zugunsten seiner Söhne und ihrer Adelsgefolgschaft und gegen die kirchliche Einheitspartei zu suchen. Er hat das Verhängnis dadurch noch beschleunigt, daß er bald auch Parteiung unter den Söhnen zu fördern suchte. Um für Karl den Kahlen, der noch ein Kind war, das Erbteil zu sichern, hat er diesen mit Lothar gegen die Brüder verbündet und später, als gerade Lothar sich auch gegen ihn wandte, diesem Bündnis andere mit Pippin und Ludwig dem Deutschen folgen lassen. So hat er es hinnehmen müssen, daß ihn die Söhne und Anhänger mehrmals alle verließen, absetzten, gefangennahmen, und geduldig abgewartet, bis ihn eine Partei der Uneinigen doch wieder einsetzen mußte. Wir stehen am Anfang eines Jahrhunderts der Erbteilungen, die der europäischen Landkarte bis heute ihre Konturen und ihrer Staatenwelt ihre Problematik hinterlassen haben.

Ein Blick auf den Stammbaum der Karlserben, verbunden mit einem zweiten auf die Landkarte veranschaulicht deutlicher als jeder Bericht die wechselnden Situationen. Ludwig der Fromme hatte drei Söhne und drei Töchter von seiner ersten Gattin Ermengard, die 818 starb. Seine zweite Frau, die Welfengräfin Judith, schenkte ihm erst die Tochter Gisla (etwa 820 bis nach 874), die als Gattin des Markgrafen von Friaul, wie wir hörten, so schön ihre Kunstmitgift zusammenhalten konnte; dann Karl den Kahlen. Während Pippin, der zweite Sohn, relativ früh, schon 838, starb und ebenso wie sein Sohn Pippin II. von Aquitanien, der rücksichtslos enterbt wurde, eine Nebenrolle gespielt hat, sind zwischen Lothar I. (795–855), Ludwig dem Deutschen (806–876) und Karl dem Kahlen (823–877) die entscheidenden Schlachten um das Erbe des Vaters geschlagen worden. Ludwig der Fromme hatte, nachdem Karl der Kahle großjährig geworden war, 838 das für Lothar bestimmte Reich neu und zu nahezu

Folgende Doppelseite: Die Nachkommen Karls des Großen. Auszug aus dem Stammbaum von Karl-Ferdinand Werner, 1967. Von der dritten Generation an wurden nur die regierenden Karolinger aufgenommen

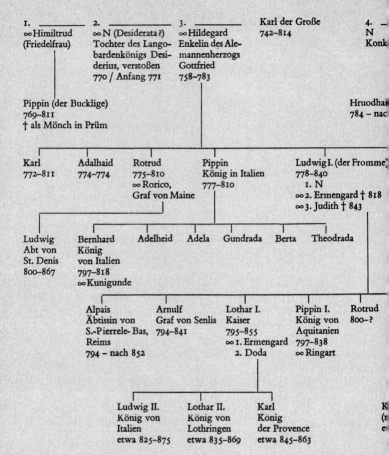

1.
∞Himiltrud
(Friedelfrau)

2.
∞N (Desiderata?)
Tochter des Lango-
bardenkönigs Desi-
derius, verstoßen
770 / Anfang 771

3.
∞Hildegard
Enkelin des Ale-
mannenherzogs
Gottfried
758–783

Karl der Große
742–814

4. —
N
Konk

Pippin (der Bucklige)
769–811
† als Mönch in Prüm

Hruodhai
784 – nac

Karl
772–811

Adalhaid
774–774

Rotrud
775–810
∞ Rorico,
Graf von Maine

Pippin
König in Italien
777–810

Ludwig I. (der Fromme)
778–840
1. N
∞2. Ermengard † 818
∞3. Judith † 843

Ludwig
Abt von
St. Denis
800–867

Bernhard
König
von Italien
797–818
∞Kunigunde

Adelheid

Adela

Gundrada

Berta

Theodrada

Alpais
Äbtissin von
S.-Pierrele- Bas,
Reims
794 – nach 852

Arnulf
Graf von Senlis
794–841

Lothar I.
Kaiser
795–855
∞1. Ermengard
2. Doda

Pippin I.
König von
Aquitanien
797–838
∞Ringart

Rotrud
800–?

Ludwig II.
König von
Italien
etwa 825–875

Lothar II.
König von
Lothringen
etwa 835–869

Karl
König
der Provence
etwa 845–863

K
(r
e

A
K
C
K
e

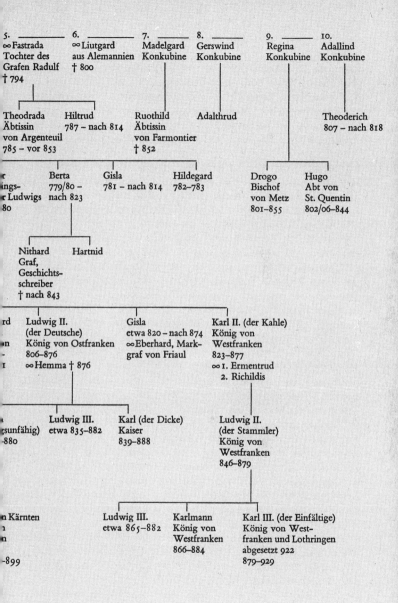

5. ∞ Fastrada Tochter des Grafen Radulf † 794

6. ∞ Liutgard aus Alemannien † 800

7. Madelgard Konkubine

8. Gerswind Konkubine

9. Regina Konkubine

10. Adallind Konkubine

Theodrada Äbtissin von Argenteuil 785 – vor 853

Hiltrud 787 – nach 814

Ruothild Äbtissin von Farmontier † 852

Adalthrud

Theoderich 807 – nach 818

Berta 779/80 – nach 823

Gisla 781 – nach 814

Hildegard 782–783

Drogo Bischof von Metz 801–855

Hugo Abt von St. Quentin 802/06–844

Nithard Graf, Geschichtsschreiber † nach 843

Hartnid

Ludwig II. (der Deutsche) König von Ostfranken 806–876 ∞ Hemma † 876

Gisla etwa 820 – nach 874 ∞ Eberhard, Markgraf von Friaul

Karl II. (der Kahle) König von Westfranken 823–877 ∞ 1. Ermentrud 2. Richildis

Ludwig III. etwa 835–882

Karl (der Dicke) Kaiser 839–888

Ludwig II. (der Stammler) König von Westfranken 846–879

Ludwig III. etwa 865–882

Karlmann König von Westfranken 866–884

Karl III. (der Einfältige) König von Westfranken und Lothringen abgesetzt 922 879–929 gleichen Teilen zwischen Lothar und Karl aufgeteilt. Ludwig der Deutsche blieb auf Bayern allein beschränkt. Wie sehr es ihm jetzt weniger um das Imperium als um eben seinen jüngsten Sohn dabei gegangen ist, beweist die Tatsache, daß diesem noch im gleichen Jahr Pippins Erbe Aquitanien übertragen worden ist, das er wegen des Widerstands Pippins II. freilich zunächst nicht gewinnen konnte. Die Kaiseridee selbst schien damals tot und ist erst wieder erwacht, als Lothar nach des Vaters Tod 840 erneut das Ganze für sich beanspruchte. Dieser Anspruch führte zu dem Blutbad von Fontenay bei Auxerre am 25. Juni 841, bei dem wir für Karl den Kahlen und Ludwig den Deutschen auf der einen Seite, für Lothar auf der andern fast den ganzen fränkischen Adel sich gegenseitig niedermähen sehen. Ludwig und Karl siegten; man sprach von einem Gottesgericht, das dann gegen die Kaiseridee ausgefallen wäre. In die Verhandlungen über die Teilung des Reiches, die im August 843 zum Vertrag von Verdun führten, konnte Lothar sich doch wieder einschalten und den Grundsatz durchsetzen, daß jeder gleich viel erhalten sollte. Ludwig der Deutsche erhielt zunächst Bayern, Lothar Italien, die Provence und einen Teil von Burgund, Karl der Kahle Aquitanien zugesprochen. Für das eigentliche Frankenreich wurde umständlich eine genaue Bestandsaufnahme der Klöster, Bischofssitze, Grafschaften und Königsdomänen hergestellt. Ludwig erhielt die später deutschen Länder, Lothar einen Mittelstreifen, der von Friesland über Köln und Metz bis in die Schweiz reichte, Karl den Westen. Das war das Ende des Reiches Karls des Großen.

Zugleich zeichnete sich ab, daß zwischen dem Osten und dem Westen die Mitte immer umstritten bleiben sollte. Zwar haben die Söhne Lothars guten Frieden untereinander gehalten. Von Ludwig II., König von Italien, seit des Vaters Tod 855 mit dem Titel «Kaiser», gewinnt man den Eindruck, daß er gerade durch die Beschränkung auf sein Land die ihm gestellte Aufgabe meistern konnte. Es gibt eine Reihe selten kostbarer Kunstwerke aus Lothringen, die darauf hinweisen, daß auch sein Bruder Lothar ein tatkräftiger Monarch war. Der dritte Sohn Karl, König der Provence, hatte keinen Anlaß, jenes Paradies, das ihm zugefallen war, zu verlassen. Es hängt mit der langen Regierungszeit Ludwigs des Deutschen zusammen, daß ihm seine Söhne, vor allem Karlmann († 880), ähnliche Unruhen schufen, wie er und seine Brüder sie Ludwig dem Frommen bereitet haben. Ludwig der Deutsche ist von den Enkeln Karls am ehesten derjenige gewesen, den man an Tatkraft und Umsicht mit dem Großvater vergleichen möchte. Obwohl er lange und regelmäßig in seinen beiden Hauptpfalzen und Städten Frankfurt und Regensburg residierte, hat er offenbar wenig Sinn für jenen Königs- und Kulturornat besessen, in dem wir die Kunstleistungen des Zeitalters am besten erfassen. Das einzige Buch aus seinem Vorbesitz, den nach ihm benannten Psalter, hat er sich außerhalb seines Herrschaftsbereichs im nordfranzösischen Kloster Saint-Omer schreiben lassen. Es gehört zu den tragischen Wechselfällen der Geschichte, daß sein fähigster Sohn, Ludwig der Jüngere von Deutschland, schon 882 nach zweijähriger Regierungszeit und glänzenden Anfangserfolgen dahinsiechte und starb. Ein dritter Sohn, Karl der Dicke, dem man in höchster Normannennot noch einmal das ganze Reich zusprach, war ein kranker und träger Mann, vielleicht auch Epileptiker wie einer der Söhne Karls des Kahlen, von denen keiner eine geschichtliche Aufgabe übernehmen konnte. Nur der älteste Sohn Karls des Kahlen, Ludwig der Stammler, auch er, wie der Name sagt, ein Kranker, ist für zwei Jahre zur Regierung gekommen. Der zweite beschäftigte die Chronisten wegen seiner Anfälle, die man für dämonische Anfechtungen hielt; der dritte, Karlmann, durch seine unverständliche Mordgier und Raublust, die den eigenen Vater zwangen, ihn blenden zu lassen.

Es war keine sehr angenehme und keine sehr vornehme Familie, deren welthistorische Erbstreitigkeiten durch siebzig Jahre die Chronisten mit einer Ausführlichkeit schildern, die in der Geschichte der Historiographie des Mittelalters einzigartig geblieben ist. Sowohl die Parteigänger Ludwigs des Frommen (Thegan [31] und der sogenannte Astronomus [32]) als später jener seiner Söhne Ludwigs des Deutschen («Jahrbücher von Fulda»[33]) und Karls des Kahlen («Jahrbücher von St. Bertin»[34]) meldeten sich zu Wort. Mit Nithard griff ein Karlsenkel selbst zur Feder. Im Fortschreiten der Jahre nimmt das Befremden dieser Kirchenmänner über das Benehmen der Karolingerprinzen zu, die sengend und mordend durch die Länder ihrer Brüder und Vettern ziehen, die sie für sich gewinnen wollen, in ihrer Begleitung jeweils eine Reiteraristokratie, der jedes Verständnis für die wirtschaftlichen Folgen der Verheerungen fehlte. Nicht daß es dem Geschlecht ganz an Persönlichkeiten gemangelt hätte. Immerhin hatte es in diesem Reich so lange und kraftvoll bewältigte Regierungsepochen wie jene Ludwigs des Deutschen im Osten (Regierungszeit 826–876) oder Ludwigs II. in Italien (Regierungszeit 844–875) gegeben. Auch die menschliche Anteilnahme kann man einigen von ihnen nicht versagen, wie jenem Lothar II., dessen tragischer Ehekonflikt durch dreißig Jahre die Chronisten beschäftigte und seinen Staat dem Untergang entgegenführte. Man wollte ihm die geliebte Nebenfrau nicht gestatten, von der er einen Sohn hatte, was ihn veranlaßt hat, die rechtmäßige Gattin zu den gräßlichsten Selbstanschuldigungen einer blutschänderischen Beziehung mit dem eigenen Bruder zu zwingen, um sich von ihr scheiden lassen zu können. Das wundersam-einzigartige Werk seiner Hofwerkstatt, die Londoner Susannenschale, könnte ihrem Thema nach mit den Anschuldigungen und Reinigungseiden der unglückseligen Königin in Zusammenhang stehen. Die kurze Regierungszeit dieses zweiten Lothar hat sich dem Volksbewußtsein so tief eingeprägt, daß nach ihm, nicht nach dem Vater, das Mittelreich durch das ganze Mittelalter den Namen «Lotharingien» geführt hat, den heute noch viele Männer seines Kulturlebens gerne nennen, wenn sie von ihrer geistigen Heimat sprechen. Auch Aachen gehörte dazu.

Je mehr man das Lebensschicksal jedes einzelnen dieser Karolingerkönige überdenkt, desto deutlicher tritt zutage, daß das Geschlecht als Ganzes das Glück verloren hatte und mit ihm das Maß für das Mögliche. Die Schrecken, die über dem Reich heraufzogen, versteht man besser, wenn man sich verdeutlicht, daß in dem Jahrzehnt zwischen 875 und 885 nicht weniger als acht Karolingerkönige starben: Ludwig II. von Italien (875), Ludwig der Deutsche (876), Karl der Kahle elend auf der Rückreise von Rom (877), sein Sohn Ludwig der Stammler (879) durch einen Jagdunfall, dessen Sohn Ludwig III., achtzehnjährig (882), bei einem Sturz vom Pferd während eines Liebesabenteuers, nur wenige Monate vor dem Tod des Vetters und Namensvetters Ludwigs des Jüngeren von Deutschland. Zwei Jahre zuvor war sein älterer Bruder Karlmann (880) gestorben. Als letzter in der Reihe starb, noch nicht zwanzigjährig, Karlmann von Frankreich (884). Übrig blieb der schwache Karl der Dicke († 888) und im Westreich nach ihm Karl der Einfältige († 929), der letzte Enkel Karls des Kahlen. Die einzige Figur von einigem Format, die in den letzten beiden Jahrzehnten die unlösbaren Aufgaben wenigstens in seinem Reichsteil zu meistern suchte, war Kaiser Arnulf von Kärnten in Regensburg († 899).

Überdenkt man das Lebensgeschick all dieser Fürsten, so wird kenntlich, daß sie alle, wie ihre Ahnen, fast Jahr für Jahr zu Felde gezogen sind. Aber die meisten dieser Kriege wurden zwischen den Franken selbst ausgefochten. Kaum einer unter den Fürsten konnte sich ein Leben lang des ungestörten Besitzes seines Erbteils erfreuen. Die Geschichte der Erbteilungen ist bekannt. Man teilte das Reich 843 in drei Teile, 870 zwischen Deutschland und Frankreich in zwei, vereinigte das Ganze erneut 885 und teilte es 887 wieder, wobei jetzt die Mitte zum Osten, 911 zum Westen und 925 erneut zum Osten kam. Es hat Jahrhunderte gedauert, bis Frankreich einen Teil seines Sprachgebietes und mehr wiedergewinnen konnte, gleichzeitig Jahrhunderte, bis sich einzelne Provinzen des Streifens von Norden nach Süden von den Bindungen an einen der beiden Hauptstaaten befreien konnten. Das Verhängnis war nicht aufzuhalten, und schon Karls des Großen Enkel Nithard hat es erkannt. Mit bewegten Worten schildert er den Bruderkrieg. Stets von neuem hat er versucht, sich den Kämpfen wie der Aufgabe, sie zu beschreiben, zu entziehen, um allein seinen Kulturinteressen in dem väterlichen Kloster Centula zu leben. Bei einem kleinen Gefecht gegen Pippin II. von Aquitanien ist er 844 im Dienste Karls des Kahlen gefallen. Als man ihn im 11. Jahrhundert umbettete, fand man die breite Schwertwunde, die ihn gefällt

Die Reichsteilungen des Vertrags von Verdun (843) und die deutsch-französischen Sprachgrenzen

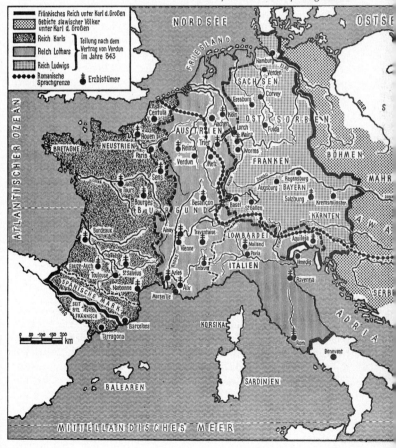

hatte, mitten auf der Stirn. Wie in Stein gemeißelt klingen seine Klagen, mit denen er seinen Bericht im Mai 843 abbricht: *Denn zu Zeiten des großen Karl, glücklichen Andenkens, der nun schon fast dreißig Jahre tot ist, herrschte überall Friede und Eintracht, weil das Volk den einen rechten und eben deshalb den Weg Gottes wandelte: nun aber ist überall Uneinigkeit und Streit zu sehen, weil jeder, wie er will, einen besonderen Weg geht. Und damals war allerorts Überfluß und Freude, jetzt aber ist nur Mangel und Trauer (tunc ubique habundantia atque leticia, nunc ubique poenuria atque mesticia).*[35]

Ein Dokument dieser Lebenshaltung ist das berühmteste Buch des Zeitalters Ludwigs des Frommen: der Utrecht-Psalter. Er ist das Werk eines Mönchs, der ein ebenso genialer wie leidenschaftlicher Künstler gewesen ist und in dem gleichen Kloster Hauteville bei Reims gelebt hat, das später auch die Zufluchtsstätte und das Gefängnis jenes größten Dichters der Epoche wurde, Godescalc, auch er ein Mönch, doch zugleich ein revolutionärer Geist, der sich gegen Mönchtum und Christenlehre aufgelehnt hatte. Der Meister des Utrecht-Psalters hatte große antike Vorbilder besessen. Doch hat er sie völlig umgewandelt. Wir sehen den Psalmisten in einem ununterbrochenen Hader mit Gott, während sich auf der Erde alle Schrecken ereignen, die sich die Phantasie ausdenken konnte und die die gleichzeitigen Chroniken berichten. Tiefste Beunruhigung hatte erneut die Menschen erfaßt, die sich unter Karl geborgen glaubten. Da sieht man den Psalmisten klagen, «daß seine Seele mit Leiden gesättigt sei, und sein Leben sich dem Totenreiche nahe». Er triumphiert, weil die Könige der Heiden gefesselt abgeführt werden (Psalm 149), und frohlockt in Psalm 90, weil die Bösen von Gott in den Abgrund gestürzt werden. Hier ist alles zugleich von antiken Vorbildern übernommen und doch ganz neu gesehen und erlebt, durchdrungen von neuen Ängsten und Hoffnungen, die der Antike fremd sind und die den Empfindungsraum des Mittelalters stets von neuem bestimmen werden. So eben erlebte man die eigene Zeit, das menschliche Geschick und die Welt.

Der Bruderkrieg der Karolinger spielte sich unter den Augen der dänischen Raubheere ab. Die Vorstellungskraft versagt vor dem Versuch, die ausweglose Not und das Grauen zu beschreiben, die ihre Überfälle mit sich brachten. Jahrhundertelang hatte sich dieses Volk ruhig verhalten. Die Angelsachsen waren völlig überrascht, als ihre Schiffe zum erstenmal am 8. Juli 793 vor der englischen Küste aufkreuzten und die Klöster Jarrow und Wearmouth, später (797) auch Lindisfarne, zerstörten. Übervölkerung war der Anlaß dafür, daß immer größere Teile der neuen Jugend dem Leben zu Hause das Leben als Wiking vorzogen. Die kleinen Oasen des Ackerlandes, die Generationen aus der dichten Urwalddecke ausgerodet hatten, unter der ganz Dänemark begraben lag, reichten für die Ernährung nicht mehr aus. Königssöhne übernahmen die Führung. Seit Jahrhunderten im Schiffsbau erfahren, entwickelten die Wikinger immer größere Flotten. Bald nach der Mitte des 9. Jahrhunderts sind uns Schiffsansammlungen von über 700 Einheiten bezeugt, Boote von 20 bis 25 Meter Länge, die mit Rudern und Segeln angetrieben wurden und zwischen 40 und 70 Krieger befördern konnten. Man muß sich bewußt machen, daß die Mannschaften dieser «Fürstentümer auf Schiffen» aus den düsteren Wald- und Felsendschungeln des Nordens stammten. Ihre einzigen Fertigkeiten waren Schiffsbau und Kampf, in welchem die bare Mordlust nur durch die Beutegier gehemmt werden konnte. Die Härte des Winterlebens hatte ihre Empfindung auch gegen Roheiten abgestumpft, die selbst den stärksten Naturen unerträglich waren. Wo immer sie abzogen, gab es nur rauchendes Gemäuer, Verwesungsgeruch, zerfolterte und verstümmelte Krüppel. Die düstere Wolke der Furcht zog durch das ganze 9. Jahrhundert immer tiefer in das Frankenreich hinein.

Vier Etappen zeichnen sich in der Entwicklung der Normannen von Küstenpiraten zu Eroberern ab. In der ersten treten sie nur vereinzelt vor Klöstern und Hafenstädten am Meer auf, streben raschem Beutegewinn entgegen und ziehen mit Schätzen und Sklaven beladen wieder zurück. Nur im Mündungsgebiet von Schelde und Rhein wagen sie gelegentlich einen Winter durchzuhalten. Diese erste Phase währt etwa bis zum Tode Ludwigs des Frommen 840. In einer zweiten sehen wir sie in die großen Ströme einfahren und bedeutende Städte angreifen. Die Uferbereiche der Seine, Loire, Garonne, auch der Elbe werden verwüstet, Nantes, Paris, Hamburg zerstört, die Bretagne, Aquitanien, Friesland ausgeplündert. Normannensegel schieben sich immer höher die Flußläufe aufwärts. Die Schiffe beginnen Beutepferde mit sich zu führen, welche die Mannschaften rasch in das Binnenland tragen. Mehr und mehr erkennen die Flußpiraten den Wert auch der einsamsten Klöster.

Die normannische Hochflut hat man die dritte Phase von 850 bis 878 genannt. Jetzt wechseln Beutezüge mit Versuchen ab, sich in einzelnen Landschaften für längere Zeiträume einzurichten. Die Normannenführer wetteifern untereinander in der Kühnheit ihrer weitausgreifenden Unternehmungen. Wagnisse in fernen und unbekannten Ländern auf sich zu nehmen, bestimmt die Moral des Wikingertums. Das Nationalheiligtum der Franken, Tours, geht 853 in Flammen auf. Italien wird in die Operationen einbezogen, Pisa gebrandschatzt, Luna, das man für Rom hielt, durch einen Vertragsbruch genommen und dem Erdboden gleichgemacht. Solche Betrugsmanöver galten den

Die gefesselten Könige (Psalm 149). Utrecht-
Psalter. Reims, um 823

Klage Davids
aus einer Totengruft
(Psalm 87).
Utrecht-Psalter.
Reims, um 823

Wikingern als rühmenswerte Beispiele einer überlegenen Kriegskunst. Man hatte den Gegner zu überlisten. Zwischen den Normannenführern scheint es zu einer Aufteilung der Beuteprovinzen gekommen zu sein. Es gibt Loire-Normannen, Seine-Normannen, Rhein-Normannen. 863 wird Neuß geplündert, 865 sogar Orléans. Die Karolingerkönige sehen sich gezwungen, in Tributverhandlungen einzutreten, die stets nur für kurze Zeiträume einzelnen Landstrichen die Ruhe sicherten. Denn schon ihrer Kulturstufe nach waren die Normannenführer noch nicht vertragsfähig. Immer wieder verschwinden ihre Stämme über das Meer, um dann nach wenigen Jahren mit neuen Scharen und an anderen Stellen zerstörend einzufallen. Zu den Reichstagen Karls des Kahlen kamen aus allen Richtungen die Großen zusammen und trugen ihre Klagen wie 862 in Pîtres vor. *Unser Land ist verödet durch feindliche Verwüstung ... die Einwohner des Landes sind getötet oder verjagt ... die Kirchen und Dörfer liegen in Asche.*[36]

Eine vierte und letzte Phase ist durch die Festsetzung eines großen

Christus stürzt die Bösen in den Abgrund (Psalm 90). Utrecht-Psalter. Reims, um 823

Heeres zwischen Rhein und Loire gekennzeichnet. Die Verbindungen zum Mutterland werden weitgehend aufgegeben. Einzelne Normannenführer streben nach Herrschaft in größeren Bereichen. Von 879 bis 892 sehen wir gewaltige Scharen in jeweils neuen Landstrichen nach Beute suchen. Im November 880 fallen Tongeren, Maastricht, Lüttich, dessen tapferer Bischof nicht verhindern kann, daß fast die ganze Bevölkerung ermordet wurde. Anschließend sind Köln, Neuß, Bonn geplündert worden. Aachen ergibt sich kampflos. Die Pfalzkapelle dient den Normannenpferden als Stall. Konnte sich ihr Führer daran erinnern, daß einer seiner Vorfahren schon Karl dem Großen selbst damit gedroht hatte? Im Dezember trifft die reichen Ardennenklöster Malmedy und Stablo das Schicksal. Selbst das entfernte Prüm in der Eifel wird heimgesucht und niedergebrannt. Im April 882 wird auch Trier genommen. Die Normannen hatten die Mosel gefunden. Erst vor Metz bewirkt die Fülle der Beute mehr als der Widerstand die Umkehr. Das Land war 892 in einem Ausmaße verwüstet, daß der Hunger selbst die Sieger zwang, nach England abzuziehen. Als einer ihrer Führer, Rollo, dann 896 zurückkehrte, gelang jener berühmte Vertrag, der zur Gründung der Normandie geführt hat.

Die Zeitgenossen selbst erkannten, daß erst der Bruderkrieg der Karlsenkel die Normannensiege ermöglicht hat. Als 841 bei Fontenay der fränkische Adel sich gegenseitig erschlug, war das Schicksal des Frankenreiches auch im Normannenkrieg schon entschieden. *In dieser Schlacht*, schrieb Regino von Prüm, *wurden die Streitkräfte der Franken so aufgerieben und ihre glorreiche Heldenkraft so geschwächt, daß sie in Zukunft nicht einmal mehr imstande waren, die eigenen Grenzen zu schützen.*[37] Zwanzig Jahre später beklagte Ermentarius die Folgen des Bruderkrieges: *Im Stiche ließ man die Wache an den Küsten des Ozeans, äußere Kriege hörten auf, innere Kriege wüteten, es mehrte sich die Zahl der Schiffe, ins Grenzenlose wuchs die Menge der Normannen.*

Doch war der Bruderkrieg nur die erste der drei Ursachen für das Verhängnis. Eine zweite hat man in der Tatsache zu suchen, daß weder die fränkische Führung noch die fränkische Waffentechnik dem raschen Bewegungskrieg der normannischen Schiffe gewachsen waren. Wo immer sie wollten, konnten sie eine Übermacht konzentrieren. Die Verteidigungstechnik in Städten und Klöstern stand zu ihrem Beutewert noch nicht im rechten Verhältnis. Auch politisch überstieg die Aufgabe den Horizont der jungen karolingischen Reichsaristokratie. Man verzweifelt an dieser Kultur, wenn man hört, wie Bauernaufstände zur Selbstverteidigung durch einen Adel niedergeschlagen wurden, dem jede selbständige Volksbewegung ein Greuel war. Und neben die politische und militärische Insuffizienz trat als

Karl der Große. Medaille von H. Domizlaff aus Anlaß der Ausstellung «Karl der Große – Werk und Wirkung». Aachen 1965

drittes eine psychologisch bedingte Schwächung der fränkischen Position. Die Kirchenmänner beschrieben die Normannenerfolge als Strafe für die eigenen Sünden. Man bekannte sich schuldig und zugleich verurteilt, die Strafe demütig auf sich zu nehmen. Schon 797, bei dem zweiten Normanneneinfall und der Zerstörung von Lindisfarne, hat Alkuin in einem berühmten Brief dem König Ethelred vor Augen geführt, daß das Schicksal dieser ältesten Pflanzstätte des Christentums in England nach den Worten der Schrift selbst nur als Strafe für die mannigfaltigen Sünden verstanden werden könne, welche das Land in den 350 Jahren, in denen es ohne jeglichen Feindangriff gelebt hatte, auf sich geladen hat. Wie sollte sich ein Volk verteidigen, dem der Glaube an das eigene Recht zusammen mit der Hoffnung an die Möglichkeit des Sieges geschwunden war? Das Christentum selbst untergrub den Verteidigungswillen gegen jene, die man als Heiden verachtete. Die neue lateinische Hochkultur erwies sich zur Führung bei der Lösung dieser Aufgaben als ungeeignet; die Gesamtkultur verstand sich nicht dazu, Verteidigungsformen zu entwickeln, die der Größe der Gefahren angemessen waren. Der einzelne mußte sich dem drohenden Inferno hoffnungslos ausgeliefert fühlen.

Es ist ein erschreckendes Schauspiel. Wie Bären die Honigwaben der Bienenkörbe, so nehmen die Normannenscharen ein Kulturkloster nach dem andern aus, wobei sie nur eine Frage beunruhigt: Sollen sie zerstören oder rauben, die Gefangenen niedermetzeln oder ihnen ein Lösegeld erpressen? Ihrem Gelübde gemäß verharrt ein Teil der Mönche und findet sein Martyrium, während andere mit den Reliquien

163

der Heiligen, auf die sie alles Vertrauen gesetzt hatten, an sichere Plätze flüchten.

Karl dem Kahlen gelang es, durch neue Verteidigungsbrücken einige Flußläufe abzuriegeln. Doch bald lernten die Normannen, auch diese Hindernisse zu überwinden. Fahrende Sänger konnten zuweilen von dem strahlenden Sieg eines der jungen Karolinger berichten – die gereimten Langzeilen des Ludwigsliedes, welche die Schlacht Ludwigs III. 881 bei Saucourt beschreiben, sind dafür ein Beispiel. Doch keiner dieser Könige verstand seinen Erfolg zu nutzen, und bald tauchten neue Normannenscharen auf und zerstörten die flüchtig wiederhergestellte Ordnung. In welchem Ausmaße muß eine Landschaft zur Wüste geworden sein, ehe sie die Siegesheere selbst zum Abzug aus den Hungergebieten nach England zwingen konnte, wie es 892 geschah? Den Wechselfällen des gleichen Geschicks war auch die Kulturbeute ausgesetzt, aus der nur wenig erhalten blieb. Der englische Codex Aureus aus Canterbury gehörte zu dem Raubgut, das nicht zerstört worden ist. Man kann die Zentren zählen, die nicht die Normannenscharen von Norden und Süden, die Sarazenen vom Mittelmeer aus heimgesucht haben und endlich auch vom Osten her die Magyaren, welche 862 zum erstenmal die bayerische Ostgrenze bedrohten und nicht eher als fast hundert Jahre später durch Otto den Großen auf dem Lechfeld 955 vernichtend geschlagen werden konnten. Metz und Reims gehören zu den verschonten Oasen der Kultur, auch Corvey und Mainz, schließlich die Reichenau. St. Gallen konnte auf eben diese Insel Bücher und Schätze retten. Dort am Gebirgsrand, und dort fast allein, glomm um 900 das alte Feuer noch fort, um dann erst nach 960 auch in anderen Zentren wieder emporzuschlagen.

Dort in St. Gallen erzählte 883 der Mönch und Dichter Notker, den man *balbulus* (den Stammler) nannte, dem schwachen, kranken Urenkel Karl dem Dicken von den Taten seines großen Ahnen. Er zeichnete das Bild eines frommen, gerechten, weisen Mannes, der in strahlender Glorie ein Reich geschaffen hat, in dem Friede und Glück geherrscht haben. Aus Notkers *Gesta Karoli* entnahm die Volksphantasie durch Jahrhunderte ihr Bild von dem Helden, der noch in hohem Alter schreiben und lesen gelernt habe, der die Schulen und die Klöster förderte und jedem sein Recht gab. Mit diesem Buch verließ Karl der Große die Geschichte, um in den Mythos einzugehen. Barbarossa, der sein Reich als erster das *Heilige Römische Reich* nannte, hat ihn dann 1165 in den Kreis der heiligen Kaiser erheben lassen. Seine Gebeine wurden in einen Reliquienschrein gelegt und auf den Altar seiner Kirche in Aachen erhoben. Die Krone, die er nie getragen, und das Schwert, das er nie geführt hatte, wurden zu den Sinnbildern eines Reiches, als dessen Kaiser er sich nie begriffen hat. Denn er hat nur den Prolog zu einer Geschichte geschrieben, die dann in Frankreich, Deutschland und Italien ihren eigenen Verlauf genommen hat. Als Napoleon den Epilog zu dieser Geschichte mit bewußtem und betontem Bezug auf «Charlemagne» zu schreiben suchte, war es für eine Vereinigung Europas unter einem neuen Kaiser zu spät. Nur am Mythos des großen Karl konnte er noch Anteil nehmen. Dieser Mythos ist ein Politikum bis ins 20. Jahrhundert hinein geblieben.

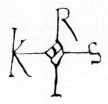

ANMERKUNGEN

1 K. A. Eckhardt: «Die Gesetze des Karolingerreiches 714–911». In: «Germanenrechte» 2. Weimar 1953
2 Gregor von Tours: «Zehn Bücher Geschichten». Bearbeitet von R. Buchner. Darmstadt 1955
3 Fredegarii chron. MG. SS. rer. Merov. 2
4 Einhard: «Leben Karls des Großen» (geschrieben um 830). In: «Quellen zur karolingischen Reichsgeschichte» I. Bearbeitet von R. Rau. Darmstadt 1955. S. 167
5 Theophanes Confessor, Chronik (geschr. 810–14), ed. C. Boor I, 1883, S. 402 f
6 «Annales Regni Francorum» (= Reichsannalen). In: «Quellen zur karolingischen Reichsgeschichte», a. a. O. I, S. 15
7 Ebd. S. 59
8 Ebd. S. 27 f
9 Einhard, a. a. O., S. 177 f
10 Reichsannalen, a. a. O., S. 39
11 Leopold von Ranke: «Weltgeschichte» 5. Teil. Leipzig 1884. S. 149
12 Reichsannalen, a. a. O., S. 45
13 Ebd. S. 55 f
14 Einhard, a. a. O., S. 183
15 Albrecht Mann: «Großbauten vorkarolingischer Zeit und aus der Epoche von Karl dem Großen bis zu Lothar I.». In: «Karl der Große» III. Düsseldorf 1965. S. 320 f
16 Peter Classen: «Karl der Große, das Papsttum und Byzanz». In: «Karl der Große» II. Düsseldorf 1965. S. 537–608
17 Wolfram von den Steinen: «Entstehungsgeschichte der Libri Carolini». In: «Quellen und Forschungen aus italienischen Archiven und Bibliotheken» 21 (1930), S. 1–93. Ediert von H. Bastgen, in MG. Concilia 2, Suppl., 1924
18 Einhard, a. a. O., S. 191
19 Alcuini epistolae, MG. Epp. IV, 1895, S. 392
20 E. Jammers: «Karl der Große und die Musik». In: Ausstellungs-Katalog Karl der Große. Aachen 1965. S. 470
21 Einhard, a. a. O., S. 201
22 Helmuth Beumann: «Grab und Thron Karls des Großen zu Aachen». In: «Karl der Große» IV. Düsseldorf 1967. S. 9–38
23 Felix Kreusch: «Kirche, Atrium und Porticus der Aachener Pfalz». In: «Karl der Große» III. Düsseldorf 1965. S. 463–533, und Leo Hugot: «Die Pfalz Karls des Großen in Aachen». Ebd. S. 534–573
24 Einhard, a. a. O., S. 197
25 Heinrich Mitteis: «Der Staat des hohen Mittelalters». 4. Aufl. Weimar 1953. S. 76 f
26 Thegan: «Leben Kaiser Ludwigs». In: «Quellen zur karolingischen Reichsgeschichte», a. a. O. I, S. 219 f
27 Einhard, a. a. O., S. 207 f
28 Ebd. S. 195 f

29 Bernhard Bischoff: «Die Hofbibliothek Karls des Großen». In: «Karl der Große» II. Düsseldorf 1965. S. 42–62

30 Wilhelm Köhler: «Die Karolingischen Miniaturen» I: «Die Hofschule Karls des Großen». Berlin 1958

31 Thegan, a. a. O., S. 241 f

32 «Das Leben Kaiser Ludwigs vom sog. Astronomus». In: «Quellen zur karolingischen Reichsgeschichte», a. a. O. I, S. 257 f

33 «Jahrbücher von Fulda». In: «Quellen zur karolingischen Reichsgeschichte» III. Darmstadt 1960

34 «Jahrbücher von St. Bertin», ebd. Bd. II, S. 11 f

35 Nithard: «Vier Bücher Geschichten», ebd. Bd. I, S. 461

36 «Jahrbücher von St. Bertin», a. a. O., S. 113

37 «Quellen zur karolingischen Reichsgeschichte» III (Regino Chronik). Darmstadt 1960. S. 185

ZEITTAFEL

714	Nach dem Tod des Hausmeiers Pippin des Mittleren erkämpft sich sein unehelicher Sohn Karl Martell die Herrschaft.
732	Karl Martell rettet in der Schlacht von Tours und Poitiers das Abendland vor den Arabern.
741	Nach dem Tod Karl Martells wird die Herrschaft unter seinen Söhnen Karlmann und Pippin geteilt.
742	2. April (?): Karl der Große geboren als ältester Sohn Pippins.
747	Pippin wird nach dem Eintritt Karlmanns ins Kloster Alleinherrscher.
751	Pippin setzt mit Zustimmung des Papstes den letzten Frankenkönig aus dem Geschlecht der Merowinger ab und wird zum König der Franken gesalbt.
754	Papst Stephan II. bittet Pippin um Schutz vor den Langobarden. In der Pippinischen Schenkung macht Pippin ihm territoriale Versprechungen in Italien (Beginn des Kirchenstaates). Der Papst ernennt ihn zum Patricius Romanorum. Karl reist dem Papst nach Saint-Maurice (Wallis) entgegen. Erste Nennung des späteren Kaisers. Pippin wird durch Stephan II. in Saint-Denis zum König gekrönt. Bonifatius, der Reorganisator der deutschen Kirche, wird von heidnischen Friesen erschlagen.
765	Pippin feiert in Aachen das Weihnachtsfest. Erste Nennung von Aquis.
768	Nach dem Tod Pippins teilen Karl und Karlmann das Reich.
771	Karlmann stirbt. Karl der Große wird Alleinherrscher.
772	Beginn der Sachsenkriege.
773–774	Auf Bitte Hadrians I. unterwirft Karl das Langobardenreich.
778	Erfolgloser Feldzug gegen die Araber in Spanien. Auf dem Rückzug wird Markgraf Roland bei Roncevalles überfallen.
785	Widukind unterwirft sich Karl.
786(?)–810	Karl baut Aachen zu einer Monumentalpfalz aus.
788	Herzog Tassilo von Bayern als letzter Stammesherzog wird abgesetzt.
791	Zug gegen die Awaren. Durch einen zweiten Awarenzug 795 wird die Grenze bis zur ungarischen Tiefebene vorgeschoben.
794	Die Synode zu Frankfurt verurteilt unter Karls Vorsitz die Beschlüsse des Konzils von Nizäa (787) über die Bilderverehrung. Karl wählt Aachen zur Residenz. 794 bis etwa 830 Kulturblüte am Hofe.
795	Gründung der Spanischen Mark, die 803 in Barcelona ihre Hauptstadt gewinnt.
799	Leo III. flieht aus Rom und bittet in Paderborn Karl um Hilfe gegen die Römer.
800	25. Dezember: Leo III. krönt in Rom Karl zum Kaiser.
804	Ende der Sachsenkriege.

806	Karl teilt für den Fall seines Todes das Reich unter die Söhne Karl, Pippin und Ludwig.
812	Karl wird von Byzanz als Basileus und Imperator anerkannt.
813	Nach dem Tod seiner Söhne Karl und Pippin läßt Karl der Große Ludwig zum Mitkaiser erheben. Ludwig krönt sich selbst.
814	28. Januar: Karl stirbt in Aachen und wird noch am gleichen Tag in der Pfalzkapelle beigesetzt.
817	Ludwig der Fromme setzt seinem zum Mitkaiser ernannten Sohn Lothar in Aachen die Kaiserkrone auf.
840	Ludwig der Fromme stirbt in Ingelheim. Krieg seiner Söhne um das Erbe.
843	Vertrag von Verdun. Kaiser Lothar I. erhält Italien und nördlich der Alpen einen Gebietsstreifen von der Nordsee bis zur Provence, Karl der Kahle den Westen und Ludwig der Deutsche den Osten.
881	Aachen wird durch die Normannen verwüstet.
925	Die nördliche Hälfte des im Vertrag von Verdun gebildeten Mittelreiches (Lotharingien) kommt an das deutsche Ostreich.
936	Otto I. wird als erster Deutscher in Aachen zum König gekrönt.
1000	Kaiser Otto III. läßt die Gruft Karls des Großen öffnen.
1165	29. Dezember: Friedrich I. Barbarossa läßt Karl den Großen in Aachen heiligsprechen.

ZEUGNISSE

Diese Sparte unserer Monographien-Reihe präsentiert sich hier in einer ungewohnten Form. Der Leser wird jedoch einsehen, warum der Autor vom Schema abgewichen ist. Das angewandte Verfahren ergibt mehr, als eine Vielzahl einzelner Zeugnisse es könnte.

Keine zweite Figur der abendländischen Geschichte hat Mythos, Legende, Dichtung so oft und so nachhaltend beschäftigt wie Karl der Große. Sein Bild wird jeweils bestimmt durch das Verlangen jeder Generation in Deutschland, Frankreich, Italien und der verschiedensten politischen Richtungen oder konfessionellen Parteien, ihn für ihre Ziele in Anspruch zu nehmen oder abzulehnen. So sagen die Zeugnisse meist mehr über das politische Weltbild ihrer Verfasser aus als über Karls reale Bedeutung. Das gilt schon von dem ersten Biographen, Karls Hofmann Einhard, der etwa zwanzig Jahre nach dem Tod des Kaisers seine Gestalt zum Idealbild des Herrschertums verklärte. Es gilt noch für die Jahre des Dritten Reiches, als Alfred Rosenberg ihn als den «Sachsenschlächter» verurteilt hat, der «die Religion der nordischen Rasse unterdrückte». Wenige Jahre später, nach dem Sieg über Frankreich, ist er der erste Gestalter einer großgermanischen Ordnung Europas.

Erstaunlich groß ist die Zahl der Persönlichkeiten, die sich über Karl geäußert haben. Enea Silvio de Piccolomini, Luther, Machiavelli, Calvin, Bossuet, Leibniz, Montesquieu, Voltaire, Justus Möser, Herder, Friedrich Schlegel, Hegel, Ranke, Sybel, Döllinger gehören zu ihnen. Luther und Machiavelli haben ihn wegen seines Bündnisses mit dem Papsttum verurteilt, Calvin hat ihn wegen seines Bilderverbotes verteidigt. Bossuet sah in ihm das Vorbild der französischen Könige und Ludwig XIV., für Voltaire war er fast ein Verbrecher, der durch das Zusammenwirken von Thron und Altar alle Freiheit zerstört hatte. Zwischen diesen polemischen Bekenntnissen finden sich seit dem 16. Jahrhundert Bestrebungen, sein Lebenswerk objektiv aus den Quellen darzustellen. Doch sind es mehr die fleißigen Gelehrten als die großen und führenden Geister, welche diese Arbeiten geleistet haben. Erst nach 1945 konnten sich die Bemühungen um ein objektives Bild Karls durchsetzen. Hier haben sich in Frankreich vor allem Robert Folz, in Belgien F. L. Ganshof, in Österreich Heinrich Fichtenau, in Deutschland Percy Ernst Schramm, Heinz Löwe, Helmuth Beumann, Joseph Fichtenau, Arno Borst und andere Gelehrte verdient gemacht.

Sechs Abschnitte lassen sich im Wandel der Deutung des Kaisers unterscheiden, wenngleich zu keiner Zeit das Bild ein einheitliches gewesen ist. Den extremen Vereinfachungen standen immer auch sachliche Forschungen zur Seite.

1. Verklärung. – Im Zeitalter des Niedergangs und bald nach der Auflösung des Reiches Karls des Großen wurde sein Bild idealisiert. Das beginnt mit Einhards «Leben Karls des Großen» um 830, setzt sich in den «Vier Büchern Geschichten» von Karls Enkel Nithard fort, die bis 841 reichten, und gipfelt in Notkers des Stammlers «Geschichten von Karl dem Großen» um 885.

2. Dichtung. – In der französischen wie in der deutschen Literatur ist Karl einer der häufigsten Stoffe vom 11. bis zum 15. Jahrhundert gewesen. Das begann mit dem «Chanson de Rolland», dessen wahrer Held der Kaiser war, und seiner deutschen Nachahmung, dem «Rolandslied», das ein Priester namens Konrad um 1170 in Regensburg wohl im Auftrag Heinrichs des Löwen geschrieben hat, der von Karl abstammte und sich ihm politisch verpflichtet fühlte. Der Zeitpunkt der Niederschrift bedingte, daß hier die Karls-Legende zu einem Kreuzzugsepos wurde. Die zahlreichen Reimerzählungen gipfelten im «Karlmeinet», einem Epos von 35 656 Versen des 14. Jahrhunderts, das nahezu alle Sagen zusammenfaßte. Die Geisteshaltung dieser Dichtungen verdeutlicht der Bericht des «Chanson de Rolland» über Karls große Sünde: Roland sei ein Sohn des Kaisers aus der blutschänderischen Verbindung mit seiner Schwester Berta gewesen; deshalb habe Roland die Schuld des Vaters durch seinen Tod büßen müssen.

3. Parteiung. – Im 15. und 16. Jahrhundert wird Karl von französischer wie von deutscher Seite zur Bestätigung territorialer Forderungen in Anspruch genommen. Vor allem das französische Königtum sah jetzt in ihm ein Vorbild für seine politische Haltung. Es war der Beginn des Streites um Karls Nationalität und Sprache. Im Zeitalter der Reformation und der Religionskriege stand seine Rechtgläubigkeit im Mittelpunkt des Interesses an seiner Person, sein Verhältnis zum Papsttum, zur Bilderfrage, zur Sachsenmission, zu den Femegerichten, die sich gegen Vergehen am rechten Glauben wandten.

4. Ideologisierung. – 1681 hat Bischof Bossuet Karl den Großen mit Ludwig XIV. verglichen. Mit Karl begann für ihn die Geschichte der französischen Monarchie. Durch seine Eroberungen breitete er Christentum und Gottesreich über das ganze Abendland aus, verlieh dem Papsttum seine weltliche Macht, förderte die Bildung und sicherte die Staatsordnung. 1748 verwandelte sich für Montesquieu Karl in einen konstitutionellen Monarchen, der die Macht des Adels einschränkte und die Freiheit des Volkes verteidigte. Voltaire hat ihm 1754 alle diese Verdienste wieder abgesprochen. Der Aufklärung erschien er als der Begründer eines finsteren Mittelalters und als der Herr über Millionen von christlichen Sklaven, der alle Freiheitsregungen unterdrückte.

5. Nationalgeschichte. – Für Leopold von Ranke war Karl «der Vollstrecker der Weltgeschichte» gewesen, zugleich der Monarch, der Deutschland, Frankreich und Italien «das Bewußtsein ihrer Nationalität» gegeben hat. Rankes Schüler Giesebrecht stellte 1855 die Größe der deutschen Kaiserzeit, die Karl begründet hat, der Machtzersplitterung seiner eigenen Gegenwart entgegen. Karl sei der erste Herrscher gewesen, «der sich über die Beschränkungen der deutschen Nation zu großen politischen Ideen erhob». «Dem deutschen Volke» habe er «eine große Zukunft» ermöglicht, schrieb 1860 Georg Waitz. Dem Begründer der deutschen Nationalgeschichte vergab man das Blutbad von Verden, obwohl es an Stimmen nicht fehlte, die dieser Untat jede politische Notwendigkeit absprachen.

6. Quellenexegese. – Aus der Fülle der neuesten Äußerungen, die sich um strenge wissenschaftliche Objektivität bemüht haben, seien zwei zitiert. Dem Autor der zweiten verdanken wir die Erforschung des sich wandelnden Urteils über den Kaiser, die dieser Zusammenstellung zugrunde liegt.

«Das Bild, das der Name Karl der Große bei den meisten von uns hervorruft, ist das eines kraftvollen Staatsmannes und siegreichen Eroberers, der dem fränkischen Reich den größten Teil von Mittel- und Osteuropa fest eingegliedert hat. Wenn man versucht, über dieses Bild hinauszukommen, so läuft man Gefahr, die Bedeutung von Karls politischem und militärischem Wirken zu unterschätzen, zumal es dreißig Jahre nach seinem Tode um die Einheit der Frankenmonarchie geschehen war. Und wenn die am Weihnachtsfest 800 erworbene Kaiserwürde auch fortbestanden hat, so hatte sie doch ihre Substanz verloren. Gehen aber die Gedanken noch weiter, so enthüllt sich von neuem die Tragweite dessen, was dieser große Einiger von Völkern und Ländern verwirklicht hat. Mit der Eroberung des Sachsenlandes, der Unterwerfung Bayerns und ihrer Vereinigung unter seiner Herrschaft mit Franken, Schwaben und Thüringen begann die Entstehung Deutschlands. Und hätte Karl der Große die Eroberung von Septimanien und die Unterwerfung Aquitaniens, beides schon von seinem Vater mit Härte angegangen, nicht vollendet und gesichert, so wäre ihre Verbindung mit den Ländern starker fränkischer Besiedlung nördlich der Loire wahrscheinlich wieder gelöst worden. Frankreich wäre nicht geworden, was es geworden ist.»

(François L. Ganshof: «Karl der Große. Werk und Wirken».

Aachen 1965)

«Warum brachte die Folge der Forschungen über Karl den Großen kaum einen Höhepunkt und keinen Fortschritt, warum beginnt jede Generation von neuem ihre Erfahrungen an Karl zu messen? Die Geschichtswissenschaft hat Meister genug hervorgebracht, die die Größe und die Grenzen historischer Gestalten aus der Nähe und aus der Ferne mit der Evidenz des Klassischen feststellen konnten; warum hat gerade Karl der Große seinen Meister noch nicht gefunden? Die Antwort unseres Überblicks ist einfach. Karl der Große hat das Fundament jener Geschichte gelegt, um die sich die moderne Historie Europas bis heute bemüht: die Geschichte europäischer Gemeinsamkeiten und nationaler Sonderungen, staatlicher Ordnung und gesellschaftlicher Gliederung, christlicher Sittlichkeit und antiker Bildung, verpflichtender Überlieferung und lockender Freiheit. Was in Karls Zeit einmal beisammenstand, läßt sich heute nicht mehr zusammenfassen; denn die Teile sind weitergewachsen. Der Historiker, der dem Vergangenen gerecht werden, aber auch das für die Gegenwart Folgenreiche erkennen will, hat es dort am schwersten, wo die lebendige Nachwirkung und damit die fortwährende Veränderung am stärksten ist. Karls eigenes Werk, seine geschichtlichen Folgen und unser historisches Urteil darüber – wäre dieser Dreiklang rein, so hätten wir ein klassisches Karlsbild.»

(Arno Borst: «Das Karlsbild in der Geschichtswissenschaft vom Humanismus bis heute». In: «Karl der Große. Das Nachleben».
Düsseldorf 1967)

BIBLIOGRAPHIE

Karl der Große – Werk und Wirkung. Katalog der X. Ausstellung des Europarates. Aachen 1965
Karl der Große – Lebenswerk und Nachleben. Unter Mitwirkung von H. BEUMANN, B. BISCHOFF, H. SCHNITZLER und P. E. SCHRAMM hg. von W. BRAUNFELS. 5 Bde. Düsseldorf 1965–1968
(Bd. I: Persönlichkeit und Geschichte – Bd. II: Das geistige Leben – Bd. III: Karolingische Kunst – Bd. IV: Das Nachleben – Bd. V: Register.) [zit.: Karlswerk]
BRAUNFELS, W.: Die Welt der Karolinger. München 1968
[Größere Teile des vorliegenden Textes sind aus diesem Werk entnommen worden. Einzelheiten konnten auf Grund einiger weniger jüngerer Arbeiten verbessert und ergänzt werden.]

1. Geschichte

a) Grundlagen

ABEL, S.: Jahrbücher des fränkischen Reiches unter Karl dem Großen, 789–814. Fortgesetzt von B. SIMSON. Bd. I: 2. Aufl. 1888; Bd. II: 1883
BÖHMER, J. F., und E. MÜHLBACHER: Regesten des Kaiserreichs unter den Karolingern. 2. Aufl. Innsbruck 1908
MÜHLBACHER, E.: Deutsche Geschichte unter den Karolingern. 2. Aufl. Darmstadt 1959
Quellen zur karolingischen Reichsgeschichte. Hg. von R. RAU. 3 Bde. Darmstadt 1955–1960 (= Freiherr-vom-Stein-Gedächtnisausgabe. Bd. V–VII)
WATTENBACH–LEVISON: Deutschlands Geschichtsquellen im Mittelalter. Bd. I: Vorzeit und Karolinger. Bearb. von W. LEVISON und H. LÖWE. Weimar 1952–1963 [Insgesamt 4 Hefte und Beiheft.]

b) Zusammenfassungen

DEANSLEY, M.: A history of early medieval Europe. London 1956
FICHTENAU, H.: Das karolingische Imperium – Soziale und geistige Probleme eines Großreiches. Zürich 1949
LOT, F.: Naissance de France. Paris 1948
LOT, F., C. PFISTER und F. C. GANSHOF: Les destinées de l'Empire en occident de 395 à 888. 2 Bde. 2. Aufl. Paris 1940–1941
LÖWE, H.: Von Theoderich dem Großen zu Karl dem Großen. In: Deutsches Archiv 1952 – Nachdruck: Darmstadt 1958
Deutschland im fränkischen Reich. In: B. GEBHARDT, Handbuch der deutschen Geschichte Bd. I. Hg. von H. GRUNDMANN. 8. Aufl. Stuttgart 1960
PIRENNE, H.: Mahomet und Karl der Große. 2. Aufl. Frankfurt a. M. 1963
STEINBACH, F.: Das Frankenreich. In: Handbuch der deutschen Geschichte. Hg. von A. O. MEYER. Bd. I. 2. Aufl. Konstanz 1952

c) Biographien Karls des Großen

BULLOUGH, D.: Karl der Große und seine Zeit. Wiesbaden 1966

CALMETTE, J.: Charlemagne – Sa vie et son œuvre. Paris 1945 – Dt.: Innsbruck 1948

FLECKENSTEIN, J.: Karl der Große. Göttingen 1962 (= Persönlichkeit und Geschichte. 28)

FOLZ, R.: Le couronnement impérial de Charlemagne. Paris 1964

HALPHEN, L.: Charlemagne et l'Empire carolingien. Paris 1949 (= L'évolution de l'humanité. 33)

KLEINCLAUSZ, A.: Charlemagne. Paris 1934

d) Der Hof und seine Mitglieder

BISCHOFF, B.: Die Hofbibliothek Karls des Großen. In: Karlswerk II, S. 42–62

BRUNHÖLZL, F.: Der Bildungsauftrag der Hofschule. In: Karlswerk II, S. 28–41

DUCKETT, E. S.: Alcuin, friend of Charlemagne. New York 1951
Carolingian portraits – A study in the Ninth Century. Michigan 1962

FLECKENSTEIN, J.: Die Hofkapelle der deutschen Könige. Bd. I: Die karolingische Hofkapelle. Stuttgart 1959 (= Schriften der Monumenta Germaniae historica. 16/I)
Karl der Große und sein Hof. In: Karlswerk I, S. 24–50

KLEINCLAUSZ, A.: Alcuin. Paris 1948

STEINEN, W. VON DEN: Karl und die Dichter. In: Karlswerk II, S. 63–94

WALLACH, L.: Alcuin and Charlemagne – Studies in Carolingian history and literature. Ithaca/N. Y. 1959

e) Verwaltung, Rechtswesen, Wirtschaft

DOPSCH, A.: Die Wirtschaftsentwicklung der Karolingerzeit vornehmlich in Deutschland. 2 Bde. 3. Aufl. Köln–Graz 1962

GANSHOF, F. L.: Was waren die Kapitularien?. Darmstadt 1955
Charlemagne et les institutions de la monarchie franque. In: Karlswerk I, S. 349–393
Charlemagne et l'administration de la justice dans la monarchie franque. In: Karlswerk I, S. 394–419

GIERSON, PH: Money and coinage under Charlemagne. In: Karlswerk I, S. 501–536

METZ, W.: Das karolingische Reichsgut – Eine verfassungs- und verwaltungsgeschichtliche Untersuchung. Berlin 1960
Die Agrarwirtschaft im karolingischen Reich. In: Karlswerk I, S. 489–500

f) Einzelfragen

ABADAL Y DE VINYALS, R. DE: La expedición de Carlomagno a Zaragoza. Zaragoza 1956

ARBMAN, A.: Schweden und das karolingische Reich – Studien zu den Handelsverbindungen des 9. Jahrhunderts. Stockholm 1937

BERTOLINI, O.: Carlomagno e Benevento. In: Karlswerk I, S. 609–671

BJÖRKMAN: Karl und der Islam. In: Karlswerk I, S. 672–682

BLIGNY, B.: Le royaume de Bourgogne. In: Karlswerk I, S. 247–268

BUCKLER, F. W.: Harunu'L-Rashid and Charles the Great. Cambridge/Mass. 1931 (= Monographs of the Mediaeval Academy of America. 2)

DEÉR, J.: Karl der Große und der Untergang des Awarenreiches. In: Karlswerk I, S. 719–791

EWIG, E.: Karl der Große und die karolingischen Teilungen – Die Europäer und ihre Geschichte. München 1961
Descriptio Franciae. In: Karlswerk I, S. 143–177

GANSHOF, F. L.: The imperial coronation of Charlemagne – Theories and facts. Glasgow 1949

GAUERT, A.: Zum Itinerar Karls des Großen. In: Karlswerk I, S. 307–321

GOUBERT, P.: Byzance et les Francs. Paris 1956

HELLMANN, M.: Karl und die slawische Welt zwischen Ostsee und Böhmerwald. In: Karlswerk I, S. 708–718

HLAWITSCHKA, E.: Die Vorfahren Karls des Großen. In: Karlswerk I, S. 51–82

KLEBEL, E.: Bayern und der fränkische Adel im 8. und 9. Jahrhundert. In: Grundfragen der Alemannischen Geschichte. Vorträge und Forschungen. Bd. I. Hg. von TH. MAYER. Konstanz 1953. S. 193–208

LEVISON, W.: England and the continent in the eighth century. Oxford 1946

OHNSORGE, W.: Das Zweikaiserproblem im frühen Mittelalter – Die Bedeutung der byzantinischen Reichsidee für die Entwicklung der Staatsidee in Europa. Hildesheim 1947

REINDEL, K.: Bayern im Karolingerreich. In: Karlswerk I, S. 220–246

SCHRAMM, P. E.: Die Anerkennung Karls des Großen als Kaiser. In: Historische Zeitschrift 172 (1951), S. 449–515 – Nachdruck: München 1952
Karl der Große im Lichte der Staatssymbolik. In: Karolingische und Ottonische Kunst. Werden, Wesen, Wirkung. Wiesbaden 1957. S. 16–42 (= Forschungen zur Kunstgeschichte und Christlichen Archäologie. III)

VERBRUGGEN, J. F.: L'armée et la stratégie de Charlemagne. In: Karlswerk I, S. 420–436

WALLACE-HADRILL, J. M.: Charlemagne and England. In: Karlswerk I, S. 683–698

WENSKUS, R.: Die deutschen Stämme im Reich Karls des Großen. In: Karlswerk I, S. 178–219

WERNER, K. F.: Bedeutende Adelsfamilien im Reich Karls des Großen. In: Karlswerk I, S. 83–142

WOLFF, PH.: L'Aquitaine et ses marges. In: Karlswerk I, S. 269–306

g) Spätzeit und Untergang des Reiches

DHONDT, J.: Études sur la naissance des principautés territoriales en France. Brügge 1948

DÜMMLER, E.: Geschichte des ostfränkischen Reiches. 3 Bde. 2. Aufl. Leipzig 1887 – Neuausg.: Darmstadt 1960

FOLZ, R.: Le souvenir et la légende de Charlemagne dans l'empire germanique médiéval. Paris 1950

GANSHOF, F. L.: Louis the pious reconsidered. In: History XLII/1957, S. 171 f

LOT, F.: La grande invasion normande. Paris 1908 (= Bibliothèque de l'École de Chartes. 69, 5 f)

LOT, F., und L. HALPHEN: L'effondrement d'un Empire et la naissance d'une Europe. Paris 1941

SCHLESINGER, W.: Die Auflösung des Karlsreiches. In: Karlswerk I, S. 792–857

SIMSON, B.: Jahrbücher des fränkischen Reichs unter Ludwig dem Frommen. 2 Bde. Leipzig 1874–1876

VOGEL, W.: Die Normannen und das fränkische Reich bis zur Gründung der Normandie (799–911). Heidelberg 1906 (= Heidelberger Abhandlungen zur mittleren und neueren Geschichte. 14)

WERNER, K.-F.: Die Nachkommen Karls des Großen bis um das Jahr 1000. In: Karlswerk IV, S. 403–482

2. Kunstgeschichte

a) Zusammenfassende Darstellungen

BAUM, J.: Die Malerei und Plastik des Mittelalters II: Deutschland, Frankreich und Britannien. Wildpark-Potsdam 1930 (= Handbuch der Kunstwissenschaft)

BECKWITH, J.: Early medieval art. London 1964

FRANCOVICH, G. DE: I problemi della pittura e della scultura preromanica. In: I problemi comuni dell'Europa Post-Carolingia. Settimane di Studio del Centro Italiano di Studi sull'Alto Medioevo II. Spoleto 1955. S. 355–519

HUBERT, J.: L'art pré-roman. Paris 1938

KITZINGER, E.: Early medieval art in the British Museum. 3. Aufl. London 1963

SCHNITZLER, H.: Rheinische Schatzkammer I. Düsseldorf o. J. [1957]

SCHRAMM, P. E., und F. MÜTHERICH: Denkmale der deutschen Könige und Kaiser – Ein Beitrag zur Herrschergeschichte von Karl dem Großen bis zu Friedrich II., 768–1150. München 1962

b) Karolingische Kunst

BOECKLER, A.: Malerei und Plastik im ostfränkischen Reich. In: I problemi della Civiltà Carolingia. Settimane di Studio del Centro Italiano di Spoleto sull'Alto Medioevo I. Spoleto 1954. S. 161–179

ELBERN, V., und H. THÜMMLER: Carolingio. In: Enciclopedia Universale dell' Arte III. Venedig–Rom 1958. S. 146–193

FRANCOVICH, G. DE: Arte carolingia et ottoniana in Lombardia. In: Römisches Jahrbuch für Kunstgeschichte VI/1942–44, S. 113–255

HINKS, R.: Carolingian art. 2. Aufl. Toronto 1962

Karolingische Kunst. In: Kunstgeschichtliche Anzeigen NF. 4 (1959), S. 1–33

Kunst des frühen Mittelalters. In: Kunstgeschichtliche Anzeigen NF. 3 (1958), S. 138–194

MESSERER, W.: Der Stil in der karolingischen Kunst. In: Deutsche Viertel-jahrsschrift für Literaturwissenschaft und Geistesgeschichte 41/1967, S. 117–166

PATZELT, E.: Die Karolingische Renaissance. 2. Aufl. Graz 1965

c) Baukunst

I Zusammenfassende Darstellungen

BOECKELMANN, W.: Grundformen im frühkarolingischen Kirchenbau des öst-lichen Frankenreiches. In: Wallraf-Richartz-Jahrbuch Bd. XVIII/1956, S. 27–69

CONANT, K. J.: Carolingian and romanesque architecture 800–1200. Har-mondsworth 1959 (= The Pelican History of Art. 13)

HEITZ, C.: Recherches sur les rapports entre architecture et liturgie à l'épo-que carolingienne. Paris 1963 (= Bibliothèque générale de l'École Prati-que des Hautes Études, VIᵉ section)

KRAUTHEIMER, R.: The carolingian revival of early christian architecture. In: The Art Bulletin XXIV/1942, S. 1–38

LEHMANN, E.: Der frühe deutsche Kirchenbau – Die Entwicklung seiner Raumanordnung. 2 Bde. 2. Aufl. Berlin 1949
Die Architektur zur Zeit Karls des Großen. In: Karlswerk III, S. 301–319

THÜMMLER, H.: Karolingische und ottonische Baukunst in Sachsen. In: Das Erste Jahrtausend. Textband II. Düsseldorf 1964. S. 867–897

VIEILLARD-TROIKOUROFF, M.: L'architecture en France du temps de Charle-magne. In: Karlswerk III, S. 336–368

II Die Pfalz zu Aachen

BANDMANN, G.: Die Vorbilder der Aachener Pfalzkapelle. In: Karlswerk III, S. 424–462

FAYMONVILLE, K.: Das Münster zu Aachen. In: Die Kunstdenkmäler der Rheinprovinz. X. Bd. 1. Abt. Düsseldorf 1916

HUGOT, L.: Die Pfalz Karls des Großen in Aachen. In: Karlswerk III, S. 534–572

KREUSCH, F.: Kirche, Atrium und Portikus der Aachener Pfalz. In: Karlswerk III, S. 463–533

SCHÖNE, W.: Die künstlerische und liturgische Gestalt der Pfalzkapelle in Aachen. In: Zeitschrift für Kunstwissenschaft XV/1961, S. 97–148

STEPHANY, E.: Der Dom zu Aachen. Mönchengladbach 1958

VERBEEK, A.: Die architektonische Nachfolge der Aachener Pfalzkapelle. In: Karlswerk IV, S. 113–156

d) Skulpturen und Goldschmiedekunst

BEUTLER, CHR.: Bildwerke zwischen Antike und Mittelalter. Düsseldorf o. J. [1964]

BRAUNFELS, W.: Karls des Großen Bronzewerkstatt. In: Karlswerk III, S. 168–202

DOBERER, E.: Die ornamentale Steinskulptur an der karolingischen Kirchen-
ausstattung. In: Karlswerk III, S. 203–233
ELBERN, V. H.: Der karolingische Goldaltar von Mailand. Bonn 1952 (=
Bonner Beiträge zur Kunstgeschichte. II)
FRANCOVICH, G. DE: Il problema cronologico degli stucchi di S. Maria in
Valle a Cividale. In: Atti dell'ottavo Congresso di Studi sull'Arte dell'
Alto Medioevo I. Mailand o. J. [1962]. S. 65–85
HASELOFF, G.: Der Tassilokelch. München 1951 (= Münchner Beiträge zur
Vor- und Frühgeschichte. I)
KAUTZSCH, R.: Die romanische Schmuckkunst in Stein vom 6. bis zum 10.
Jahrhundert. In: Römisches Jahrbuch für Kunstgeschichte Bd. III/1939.
S. 1–73

e) Elfenbeinarbeiten

EUW, A. VON: Studien zu den Elfenbeinarbeiten der Hofschule Karls des
Großen. In: Aachener Kunstblätter 34 (1967), S. 37–60
FILLITZ, H.: Die Elfenbeinreliefs zur Zeit Karls des Großen. In: Aachener
Kunstblätter 32 (1966), S. 14–45
GOLDSCHMIDT, A.: Elfenbeinreliefs aus der Zeit Karls des Großen. In: Jahr-
buch der Königlich Preußischen Kunstsammlungen XXVI/1905, S. 47–67
Die Elfenbeinskulpturen aus der Zeit der karolingischen und sächsischen
Kaiser, VIII. bis XI. Jahrhundert. Bd. I. Berlin 1914
STEENBOCK, F.: Der kirchliche Prachteinband im Frühen Mittelalter. Berlin
1965

f) Malerei

GRABAR, A., und C. NORDENFALK: Das frühe Mittelalter vom vierten bis zum
elften Jahrhundert. Genf o. J. [1957]
LEITSCHUH, F. F.: Geschichte der Karolingischen Malerei, ihr Bilderkreis und
seine Quellen. Berlin 1894
OTTO, W.: Die karolingische Bilderwelt. München 1957
SCHRADE, H.: Vor- und frühromanische Malerei. Köln 1958

g) Buchmalerei

I Ausstellungskataloge

Ars Sacra. Kunst des Frühen Mittelalters. Bayerische Staatsbibliothek Mün-
chen 1950
Kunst des Frühen Mittelalters. Berner Kunstmuseum Bern 1949
Les manuscrits à peinture du VIIe au XIIe siècle. Bibliothèque Nationale
Paris 1954
Werdendes Abendland an Rhein und Ruhr. Villa Hügel Essen 4. Aufl. 1956

II Zusammenfassende Darstellungen

BOINET, A.: La miniature carolingienne. Paris 1913

GOLDSCHMIDT, A.: Die deutsche Buchmalerei. Bd. I: Die karolingische Buchmalerei. Florenz–München 1928

ZIMMERMANN, E. H.: Vorkarolingische Miniaturen. Berlin 1916

III Hofschule Karls des Großen

BOECKLER, A.: Der Codex Wittekindeus. Leipzig 1938

    Bildvorlagen der Reichenau. In: Zeitschrift für Kunstgeschichte XII/1949,
S. 7–29

    Die Evangelistenbilder der Adagruppe. In: Münchner Jahrbuch für Bil-
dende Kunst III. Folge III/IV (1952/53), S. 121–144

    Die Kanonbogen der Ada-Gruppe und ihre Vorlagen. In: Münchner Jahr-
buch für Bildende Kunst III. Folge V (1954), S. 7–22

    Formgeschichtliche Studien zur Adagruppe. München 1956 (= Bayer.
Akademie der Wissenschaften, Philos.-Hist. Klasse, Abhandlungen. NF
43)

BRAUNFELS, W.: Das Lorscher Evangeliar. Faksimile. München 1967

FRIEND, A. M.: The portraits of evangelists in Greek and Latin manuscripts I.
In: Art Studies V/1927, S. 115–150 – II ebd. VII/1929, S. 3–32

KÖHLER, W.: Die Tradition der Adagruppe und die Anfänge des ottonischen
Stiles in der Buchmalerei. In: Festschrift Paul Clemen. Düsseldorf 1926.
S. 255–272

    Die karolingischen Miniaturen II: Die Hofschule Karls des Großen. Berlin
1958

MÜTHERICH, F.: Die Buchmalerei am Hofe Karls des Großen. In: Karlswerk
III, S. 9–52

NORDENFALK, C.: Die Buchmalerei. In: Karl der Große – Werk und Wirkung.
[Katalog der X. Ausstellung des Europarates.] Aachen 1965. S. 224–230

PORCHER, J.: L'Évangéliaire de Charlemagne et le Psautier d'Amiens. In: La
Revue des Arts VII/1957, S. 51–58

ROSENBAUM, E.: The vine columns of Old St. Peter's in carolingian canon
tables. In: Journal of the Warburg and Courtauld Institutes XVIII/1955,
S. 1–15

    The evangelist portraits of the Ada-School and their models. In: The Art
Bulletin XXXVIII/1956, S. 81–90

SAUERLAND, H. V., und A. HASELOFF: Der Psalter Erzbischof Egberts von
Trier. Trier 1901

SCHMIDT, A.: Die Miniaturen des Gero-Codex. Leipzig 1924

Die Trierer Ada-Handschrift. Bearb. und hg. von K. MENZEL, P. CORSSEN, H.
JANITSCHEK, A. SCHNÜTGEN, F. HETTNER und K. LAMPRECHT. Leipzig 1889

UNDERWOOD, P. A.: The fountain of life in manuscripts of the gospels. In:
Dumbarton Oaks Papers V / 1950, S. 41–138

Nachtrag zur Bibliographie

1. Bibliographische Hilfsmittel

Dahlmann-Waitz. Quellenkunde der deutschen Geschichte. Hg. HERMANN HEIM-
PEL u. HERBERT GEUSS. 10. Aufl. Bd. 5 Abschnitt 166: Die Karolingische Zeit.
Stuttgart 1980

EPPERLEIN, SIEGFRIED: Karl der Große in der deutschen bürgerlichen Geschichtsschreibung. In: Zeitschrift für Geschichtswissenschaft 13 (1965), S. 235–261

2. Gesamtdarstellungen

BUHL, WOLFGANG: Karolingisches Franken. Würzburg 1973

CABANISS, ALLEN: Charlemagne. New York 1972

DELPERRIÉ DE BAYAC, JACQUES: Karl der Große: Leben und Zeit. Wien 1976

EPPERLEIN, SIEGFRIED: Karl der Große: e. Biographie. 5. Aufl. Berlin 1975

HAUCK, KARL: Karl der Große in seinem Jahrhundert. In: Frühmittelalterliche Studien 9 (1975), S. 202–214

HEER, FRIEDRICH: Karl der Große und seine Welt. Wien 1977

HODGKIN, THOMAS: Charles the Great. Port Washington/NY 1970

The reign of Charlemagne: documents on Carolingian government and administration. Comp. H. R. LYON and JOHN PERCIVAL. New York 1976. (Documents of
medieval history. 2.)

WAHL, RUDOLPH: Karl der Große. Bergisch-Gladbach 1980

3. Untersuchungen

Die Eingliederung der Sachsen in das Frankenreich. Hg. v. WALTER LAMMERS.
Darmstadt 1970

FALKENSTEIN, LUDWIG: Karl der Große und die Entstehung des Aachener Marien-
stiftes. Paderborn 1981 (Quellen und Forschungen aus dem Gebiet der Geschichte NF. 3)

FOLZ, ROBERT: Le couronnement impérial de Charlemagne. 25. déc. 800. Paris
1966 (Trente journées que ont fait la France 3)

GEITH, KARL E.: Carolus Magnus: Studien zur Darst. Karls des Großen in der dt.
Literatur d. 12. u. 13. Jh. Bern 1977 (Bibliotheca Germanica 19)

Zum Kaisertum Karls des Großen. Beitr. u. Aufsätze. Hg. v. GUNTHER WOLF.
Darmstadt 1972 (Wege der Forschung 38)

SCHNEIDMÜLLER, BERND: Karolingische Tradition und frühes französisches Königtum. Wiesbaden 1979

NAMENREGISTER

Die kursiv gesetzten Zahlen bezeichnen die Abbildungen

183

ÜBER DEN AUTOR

Professor Dr. WOLFGANG BRAUNFELS, geboren 1911 in München. Studium in Bonn, München, Paris und Florenz. Seit 1945: acht Jahre am Walraff-Richartz-Museum und an der Universität in Köln; zwölf Jahre in Aachen. Von 1965 bis zur Emeritierung 1978 Vorstand des Lehrstuhls für Kunstgeschichte der Universität München.

Publikationen: «Mittelalterliche Stadtbaukunst in der Toskana», 1932; «Die Welt der Karolinger», 1967; «Abendländische Klosterbaukunst», 1968; «Kunst im Heiligen Römischen Reich», Bd. I (1979) bis V (1985); «François de Cuvilliés. Der Baumeister der galanten Architektur des Rokoko», 1986.

QUELLENNACHWEIS DER ABBILDUNGEN

Foto Ann Bredol-Lepper, Aachen: 6, 33, 102, 110 unten, 135 / Aus: Wolfgang Braunfels, Die Welt der Karolinger und ihre Kunst, München 1968: 8, 24, 92, 149, 152/153, 157 / St. Benedikt in Mals, Vintschgau: 12 / Foto Tecnograph, Udine: 38 / Bibliothèque Nationale, Paris: 16, 23, 125, 127 / Städtisches Museum, Halle/Saale: 19 / Stadtbildstelle Aachen: 44, 50, 58, 59, 60, 98, 104, 106 / Bildarchiv Foto Marburg, Marburg: 61, 144 / Helga Schmidt-Glassner, Stuttgart: 62 / Münzkabinett, Staatliche Museen, Berlin: 65 unten / Cabinet des Médailles, Paris, Bibliothèque Nationale: 65 oben / Musée du Louvre, Paris: 64 / Museum in der Frankenburg, Aachen: 72 / Biblioteca Capitorale, Monza: 74 / Biblioteca Apostolica Vaticana: 82, 83 / Germanisches National-Museum, Nürnberg: 84 / W. u. T. (Tritschler), Frankfurt a. M.: 94, 110 oben / Leo Hugot: 96, 97 / Württ. Landesbibliothek, Stuttgart: 107, 108 / British Museum, London: 112 / Ann Münchow, Aachen: 114/115, 145 unten, 146 / Elisabeth Oberrauch, Rom: 118 / Bibliothèque Municipale, Abbeville: 122 / Stadtbibliothek Trier: 126, 131 / Biblioteca Vaticana, Rom: 130, 132 / Hofburg (Weltliche Schatzkammer), Wien: 133, 136, 145 oben / Schatzkammer des Doms, Aachen: 134 / Universitätsbibliothek, Utrecht: 139, 160, 161 / Landesmuseum Krefeld: 141 / Batthyáneum, Alba Julia: 129 / Wolfgang Braunfels, München: 163

**Thema
Geschichte,
Natur-
wissenschaft**

C 2053/5

rowohlts bildmonographien

Thema Philosophie

C 2054/5

rowohlts bildmonographien

**Thema
Literatur**

**Eine
Auswahl**

C 2058/5 d